知识领航财富人生

舵手俱乐部　www.duoshou108.com

股票交易入门

第2版

（美）迈克尔·辛希尔　著

刘梦茵　陆晓吟　译

山西出版传媒集团
山西人民出版社

图书在版编目(CIP)数据

股票交易入门/(美)迈克尔·辛希尔著;刘梦茵,陆晓吟译. --太原:山西人民出版社,2017.1
ISBN 978-7-203-09683-2

Ⅰ.①股… Ⅱ.①迈… ②刘… ③陆… Ⅲ.①股票交易-基本知识 Ⅳ.①F830.91

中国版本图书馆 CIP 数据核字(2016)第 184685 号

Michael Sincere
Understanding Stocks (Second Edition)
0-07-183033-2
Copyright© [2014] by McGraw-Hill Education.
All Rights reserved. No part of this publication may be reproduced or transmitted in any form or by any means, electronic or mechanical, including without limitation photocopying, recording, taping, or any database, information or retrieval system, without the prior written permission of the publisher.
This authorized Chinese translation edition is jointly published by McGraw-Hill Education and SHANXI PEOPLE'S PUBLISHING HOUSE.This edition is authorized for sale in the People's Republic of China only, excluding Hong Kong, Macao SAR and Taiwan.
Copyright© [2016] by McGraw-Hill Education and SHANXI PEOPLE'S PUBLISHING HOUSE.
版权所有。未经出版人事先书面许可,对本出版物的任何部分不得以任何方式或途径复制或传播,包括但不限于复印、录制、录音,或通过任何数据库、信息或可检索的系统。
本授权中文简体字翻译版由麦格劳-希尔(亚洲)教育出版公司和山西人民出版社合作出版。此版本经授权仅限在中华人民共和国境内(不包括香港特别行政区、澳门特别行政区和台湾)销售。
版权© [2016] 由麦格劳-希尔(亚洲)教育出版公司与山西人民出版社所有。
本书封面贴有 McGraw-Hill Education 公司防伪标签,无标签者不得销售。

著作权合同登记号   图字:04-2016-013

股票交易入门

著　者:	(美)迈克尔·辛希尔
译　者:	刘梦茵　陆晓吟
责任编辑:	孙　琳
出 版 者:	山西出版传媒集团·山西人民出版社
地　　址:	太原市建设南路 21 号
邮　编:	030012
发行营销:	0351-4922220　4955996　4956039　4922127(传真)
天猫官网:	http://sxrmcbs.tmall.com　电话:0351-4922159
E-mail :	sxskcb@163.com　发行部
	sxskcb@126.com　总编室
网　　址:	www.sxskcb.com
经 销 者:	山西出版传媒集团·山西人民出版社
承 印 者:	大厂回族自治县德诚印务有限公司
开　　本:	710mm×1000mm　1/16
印　　张:	16.25
字　　数:	220 千字
印　　数:	1-4100 册
版　　次:	2017 年 1 月　第 1 版
印　　次:	2017 年 3 月　第 1 次印刷
书　　号:	ISBN 978-7-203-09683-2
定　　价:	39.00 元

如有印装质量问题请与本社联系调换

致我的母亲——路易丝,
我永远铭记她的同情和慷慨,
她的要求如此之少,成就却能如此之多;
致我的父亲——查尔斯,
感谢他宽厚善良和积极的心态;
致安娜·里多尔芙,我亲密的朋友、忠诚的纽约人,
她一生致力于帮助他人的慈善事业。

前　言

一本内容大有改进的股票书籍

由于《股票交易入门》第 1 版的成功，麦格劳-希尔公司与我合作的编辑邀请我撰写第 2 版。在此，我要感谢数以千计买了我的第一本书并写信提建议给我的读者们，正是因为他们的贡献，本书的再版才得以进一步完善与提高。

在这个版本中，我花了更多的篇幅，来讨论如何使用投资和交易策略实现盈利，如何找到恰当的股票进行买入和卖出，如何使用市场技术指标来预测股市下一步走势，如何通过其他方式投资外汇、黄金、债券和房地产等，如何利用交易型开放式指数基金和共同基金等品种投资股票市场；如何卖空以及如何使用期权来保护股票投资组合。

除此之外，我还改进了股市策略和交易工具的部分。为节省您宝贵的时间，我在本书中列出了各种可供投资者和交易者使用的几个最重要的股市策略和交易工具，向您重点介绍；在本书中，我还增添了新的章节，讲述如何使风险最小化，如何避免犯错；最后，我还加进了我对两位股市传奇投资商——威廉·欧尼尔和约翰·博格尔的访谈。

这个世界上没有确保稳赚的办法，但在将真金白银投入股票市场前，您至少应学会股市投资策略的知识和各种交易工具。我写这本书的目的很简单：告知您对于股票市场应了解的那些事儿——当市场上升时可以赚钱，而当市场下挫时又可以避免和减少可能出现的损失。

谁应该读这本书

如果您正在考虑投资于股票市场，或已经入市但尚在亏损，这可能是您读过的最具实用性的书籍。我从小和股票市场一起长大，上过相关专业的课程，读了各类书籍，访谈过数以百计的专家，投资过股市，也亲自操作和交易股票。我也曾把所有可能想象到的错误犯了个遍，这些都是我将在本书中帮您避免的——通过避免我曾犯过的错误，汲取教训，您可以节省数千美元。

读这本书，跟读我写的其他书籍一样：虽然咱聊的是股票市场，可您会觉得仿佛坐在餐桌旁与我面对面闲话家常。我的目标，是在为您提供知识和娱乐的同时，为您节省时间和金钱。事实上，如果您阅读本书的目的不是在股市赢利，而单纯只为学习股票知识，或休闲娱乐一下，那我的书依然能满足您的需求。

本书与众不同之处在于，帮助您快速学会如何投资、交易股票。关于股票市场的书成千上万，其中许多充斥着技术性词汇，读起来枯燥无味。和您一样，我也痛恨那些还没读到第2章就能让读者昏昏欲睡的书——这就是当初我下决心写这样一本同样关于股市、但轻松易读又能学到知识的书的原因。

我想写这样一本书，当我把它交给您时我可以对您说，"如果您想快速了解股票，只需把本书从头读到尾"，您不需要从一个所谓"傻瓜"的水平来理解股票市场，也用不着具备天才的头脑，等您读过本书之后，您会发现，难的是在股市中盈利，股票本身并非难以理解。

我也不认为您必须苦读几百页书才能了解股市。太多这方面的书籍厚重如教科书,读起来却比教科书还难。虽然本书比它们相对简短,却充满了关于股市投资和股票交易方面所需要的种种信息。

无论您年龄大小、收入多少,了解股市对您的财务健康状况都是必要的基础,即便您雇有专人为您投资理财,了解股市的运作对您仍然至关重要。

股票市场也是您实现赢利的最好地方——要赚取万贯家财并不需要您本身家财万贯,偶尔,您也可能抓住一个"全垒打"而暴富。然而就眼下而言,您只有一个目标:了解股票市场。我的目的是教会您如何投资一生,而并非只是过几天"土豪"生活。

您需要知道真相

我写这本书也是因为我想让您知道真相。我不愿意看到那么多投资者成为股票市场的受害者。有些人玩的把戏就是引诱散户投资者入市,之后榨光他们现有的资金。

我并不想吓唬您,只希望帮您做好准备。

许多业内人士了解这里的规则,也知道如何使用这些规则来跑赢大市。在本书中,我承诺告诉您股市真正的运作方式——有了这些知识,您就有了与那些在华尔街呼风唤雨的专业人士同台竞技并获胜的资本!

因为股市是一个向庄家倾斜的残酷游戏,在投资第一枚铜板之前,您应该先了解您的对手,因为,不懂得游戏规则是无法赢得游戏的。写这本书的目的之一,就是为您提供股市的相关知识,这样您就可以自己决定是否想要参与其中。当您读完这本书,您就能对股市的参与者、股市规则和股市术语了如指掌。

在看完我对股市的基本描绘之后,您可能决定再也不想与股票市场有任何瓜葛——依本人愚见,这也是严重的错误。首先,理解股市可以帮助您做出正确的金融投资决定,毕竟股市是金融体系的核心,对股市的理解将永远对您有指导作用;不仅如此,股票市场往往还充当着"水晶球"的作用,反映着整个美国宏观经济的走势和方向。

对于那些犹豫着是否要投身股市的人,本书同样是理想之选。当您读到最后一章时,在"将资金直接投资于股市是否最恰当的方式"这一问题上,您会有更清楚的判断,也许您会把资金投入股市,我也会为您提供许多投资理念与技巧。

这是有史以来成为一位投资者的最好时机。科技的进步,为我们带来了祖辈做梦都想象不出的各种工具和各类设备。在这本书中,我将帮助您分辨真、假、优、劣的购买机会,并锻炼您识别某只个股或整个大盘可能出现的危险。仅能把握正确的建仓时机是不够的,您还需要准确识别平仓离场的信号,而我就将帮助您学到寻找这样信号的技能。

我可能亏损多少资金

初学者往往最先提出的两个问题是:"我需要多少资金才能开始投资股票?""在股市中我可能亏损多少?"

在我回答这些问题之前,先请大家看一封读者发给我的电子邮件:"我71岁了,由于没有可以依靠的退休基金,我开始研究股票。我现在同时从事三份工作,但我知道自己不可能再这样长期持续下去,那我应该怎么做呢?"

我对这位读者心怀同情:他财务吃紧并倍感脆弱。没人愿意一觉醒来忽然意识到自己没有应急资金,甚至缺乏继续生存的经济保障(由此可见,彻底未做出任何投资才是人生最大的错误之一);然而,这位读者的想法是要不得的——他想知道,应该使用什么样的策略包括当日交易甚至垃圾股交易才能快速盈利,这是极其危险的,尤其对初学者而言。

投资股市您会亏损吗?是的,完全有这个可能。您可能失去部分投资,甚至最坏情况下也许会亏掉所有资金(如发行某只股票的上市公司宣告破产)。

尽管没有稳赚不赔的保障,股市仍然是您长线积累财富最好的地方之一(偶尔也能为您短期快速获利)。

除此之外,本书中我将向您介绍许多股市操作策略,这些策略将帮助您降低风险。尽管您仍然可能在股市赔钱,但您的目标是尽量减少损失,以便继续投资;而我的目标,就是为您提供可以帮您实现目标的各类股市策略和各种交易工具。

股票有什么了不起

与其自己成天为钱工作,不如让钱为您工作。您可以做出选择:既可以把钱放在银行账户里,一辈子靠薪水生活,也可以考虑让您的钱去工作、去生钱。虽然股市并不完美,但它仍然是长期或短期内增加财富的最好方式之一。

至少,尽您所能地了解股票是明智的。您是否认为某只特定的个股会突然暴涨?针对这种情况,我们有专门的操作策略。如果您担心市场会下跌,想要保护您的投资仓位,我们也有专门的应对策略。

在本书中,我是个现实主义者。我知道大多数时候,股票是一种很好的投资方式;我同样知道,如果选错了股票,或是遇上股市崩盘,您会亏损和丧失您的投资。您不希望成为任人宰割的"羔羊",而那正是股市开始下滑而您又没尽快采取相应措施情况下必将出现的结果。因此,我的目标之一,就是帮助您保护好您的各只股票及其头寸,免遭巨额亏损。

管理好自己的投资组合

如果您正在读这本书,另一个可能的原因,是为了学习如何管理自己的投资组合,这样您便不再需要靠别人来告诉您,应如何在股市进行投资。即便有专人负责打理您的账户,您也会更好地理解他们在做什么(或者他们应该做些什么)。退一万步讲,本书能带给您独立寻求财务自由的成功信心。

没有人会比您更关心自己的投资。如果说股市骗子们教给了我们什么经验的话,那就是——自己的钱和投资绝对不能轻易托付给他人。学习财务知识,是唯一能帮助您获得财务自由的方法,也能使您能够评判您的投资顾问是否能帮您实现自身利益最大化。

本书的组成结构

本书一共分为六篇。第一篇,"首先您需要知道的那些事儿",向您整体介绍股票市场。在第二篇中,您将学习如何开设自己的证券交易账户,以及如何购买和出售股票。在第三篇中,您将学习投资和交易的策略,包括富有传奇色彩的交易大师威廉·欧尼尔和约翰·博格尔的交易策略。也许您会觉得出乎意料,但有时候最简单的策略就是最有效的。

第四篇是最具挑战性的部分,我们将向您介绍基本面和技术面两种分析方式,它们可以帮助您确定选股及具体操作买进或卖出的时机。股票的这些分析方法是值得一学的,尽管学起来需要耗费一些时间。在第五篇中,您将学习如何投资于股票以外的其他金融产品。

在第六篇中,我将为您剖析如何成为一位成功的投资者或交易员。在这一篇中,您将了解投资者为什么会亏损,了解我在股市中学到的教训,我对金融投资及股票交易的看法。最后,我为您列出了相关网站,以及股票方面的一些其他资源,供您浏览访问和作为额外补充。

如何与我联系

恭喜您花费时间来了解股票市场。如果这是您读的第一本关于股市的书，我十分荣幸有机会向您介绍这种神奇的金融产品。在您读过我的书之后，再去读其他关于股市的书，应该就更容易理解了。

我尽了自己最大的努力，让本书成为您读过的最有用的金融书籍。我祝您好运，并真诚地希望您能发现：学习股票是一种极具启发性的体验，这种体验会让您终生难忘。

最后，如果您对我的书有任何问题，或是发现了任何错误，请不必顾虑，随时发电子邮件给我到：msincere@gmail.com，或者访问我的网站：www.michaelsincere.com。收到您的来信定会让我十分欣喜，真诚期待您的来信。

致　谢

感谢我的妻子艾恩，感谢她的热心和耐心。

感谢扎克加耶夫斯基和彼得·麦柯迪，这两位麦格劳·希尔公司的编辑，感谢他们在这本书的创意、撰写，直到全书完成的全过程中与我的亲密合作，给予我的无私帮助。

我要感谢马克·沃尔芬格，感谢他完成了整本书的信息核实，感谢他为我提供的建议和修改意见。

我还要感谢威廉·欧尼尔和约翰·博格尔，感谢他们百忙之中拨冗相见，与我讨论市场策略。

我还要感谢黑兹尔·加西亚优秀的助理工作，感谢保拉·弗洛雷斯帮助我整理录音内容，感谢来自《投资者商业日报》报社的凯瑟琳·谢尔曼和艾米·史密斯，感谢网页设计师瑞安·桑德斯创建的一流网站，感谢来自市场观察网的乔纳森·伯顿给予我的写作机会，感谢麦格劳-希尔公司的劳拉·李布勒提给予我有关出版行业的睿智箴言。

此外，我还想感谢我的朋友们：卢尔德·费尔南德斯·比达尔、亚历山德拉和安吉拉·本特松、哈维·斯莫尔、桑内·莫勒、卡罗丽娜·罗比科娃、卡琳娜·罗耶、路易基·西尔维斯特里、鲍勃·斯佩克特、布鲁斯·伯格、露西·司德杰卡洛娃、雅勒·韦格聂斯、琳恩·韦格聂斯、詹森·西摩尔、雷哈娜·伊克斯比亚德、伊芙瑞丝·科尼利厄斯、罗恩·韦斯伯格和梅缇·马丁内斯。

目 录

第一篇　首先您需要知道的那些事 ················· 1
- 第 1 章　欢迎光临股票市场 ······················· 3
- 第 2 章　股票分类：价值股、绩优股、成长股 ········ 23
- 第 3 章　与股票共舞：那些有趣的事 ················ 29

第二篇　如何进入、退出以及逃离股市 ············ 35
- 第 4 章　开立经纪账户 ··························· 37
- 第 5 章　购入您的第一只股票 ····················· 47
- 第 6 章　创建卖出策略 ··························· 55
- 第 7 章　学会止损 ······························· 61

第三篇　赚钱的策略 ··························· 73
- 第 8 章　缓慢的赚钱策略：使用股票、共同基金、
  指数基金和交易所基金的投资策略 ············ 75
- 第 9 章　想要快速赢利？短线交易策略 ············· 89
- 第 10 章　富有传奇色彩的交易大师
  威廉·欧尼尔和约翰·博格尔 ················ 99

第四篇　决定买卖哪只股票 ········· 117

第 11 章　真实的基本面：如何分析上市公司 ········· 119

第 12 章　基本面分析：工具和策略 ········· 129

第 13 章　走向技术分析 ········· 139

第 14 章　技术和情绪分析：工具和策略 ········· 163

第五篇　跳出思维定势 ········· 177

第 15 章　期权、债券、现金、房地产、外汇、

新股首发上市和期货交易 ········· 179

第 16 章　什么原因造成股票价格涨跌 ········· 199

第六篇　作者的诚挚建议 ········· 211

第 17 章　为什么投资者会亏损 ········· 213

第 18 章　到哪里去寻求帮助 ········· 227

第 19 章　我从股市中学到的教训 ········· 233

结束语：您现在应该怎么做 ········· 243

第一篇
首先您需要知道的那些事

第1章　欢迎光临股票市场

股票市场并非难以理解。当您读完第1章时，就应该能掌握足够漫游本书余下所有篇章的全部知识了，诀窍在于一定要逐步去了解股票，一步步拾级而上，而这也正是我在本书中将股票市场的各种信息呈现给读者的方式。

在我看来，理解市场相对还是容易的（前提在于您要懂得市场的规则），真正困难之处在于如何从市场赚到钱。通常情况下，真正阻碍投资者和交易商赢取利润并持续保有利润的，是他们自己的情绪，主要包括：恐惧、贪婪以及奢望。投资避免受情绪干扰的途径之一，是了解事情的真实情况，这也是您现在要读这本书的原因了。

第一篇的重要性在于，它能在您开始投资或交易之前为您提供一个坚实的基础。这一篇的信息很多，请您耐心读完。我也尽全力让您能阅读得生动有趣，只是一开始难免会遇到一些让您疑惑费解之处，而一旦您开始了第一单交易，这些模糊疑惑之处自然会明朗起来。

股票市场：一个巨大的拍卖场

试着把股票市场想象成一个巨大的拍卖会或交换会（当然对于某些股票，它更像是一个跳蚤市场）。人们在这里购买和出售被称为股票的纸。

这里一方面有着寻求方便迅捷融资筹资途径的业主们，他们期待着在这里筹集到资金，用于雇佣更多员工，建立更多的工厂或经营网点，并升级他们公司的各种设备，他们筹集资金的方式就是公开发行公司的股票。另一方面，这里还有像您我这样来购买和转让出售这些公司股票的人，而买卖各方参与者的集聚之处，就是股票市场。

股票究竟是什么？

我们这可不是在谈论牲口！虽然股票（stock）一词最初源自于牲畜（livestock）。在股票市场进行交易的商品，并非是牛羊之类家畜牲口，而是代表着一家公司的股东身份即公司所有权的小纸片（股权持有的证明——股票）。您大概也听到过人们对于股票的其他称呼：股权或证券。当您购买某家公司的股票时，您通常被指称为投资者或股东，而您投资购买的股票份额，也使得您在事实上成为公司的所有者之一，作为公司资方的一分子而共享该公司业务的成功（或失败）。作为股份持有者，您在公司的年度股东会议上拥有每股一票的投票权，因此您手上的股票越多，您对于公司的控制力也就越大（相应地，在股票价格上涨的情况下您的盈利也就越多）。

绝大多数股东仅拥有公司的九牛一毛，几乎无法控制公司的运行方式，这意味着您没有资格在这家公司里指手画脚。要想取得对公司的控制力，您必须拥有非常庞大数量级的股票，成为一家公开上市公司股票的主要拥有者。

总之，一家公司最初发行一定数量的股票，是为了筹集资金，而投资者们购买一家公司的股票，则是为了参与分享公司业务的成功。如果公司经营得好，股票的价格就应该上涨，而您也就会赚钱；反之，如果公司经营不好，股票价格就可能下跌，您也就会亏钱。

股权持有证明：看起来很高大上的小纸片

股权持有的证明——股票，是对您在公司已投入资金的书面注明（有些人没有意识到，真正投资的是公司而不是股票）。有些人会要求拿到这种股权持有的证明，以便将其存放在安全的地方，大多数人还是会找一家股票经纪公司代为保管，这种方式简单易行。

注意：股票经纪公司是向投资者提供开户、买进和卖出股票等服务的地方。时至今日，大多数的买入和卖出，都是交易者借助提供实时服务的证券经纪公司在线完成的。本书第4章将告诉您如何开户及开始交易。

从技术层面来讲，市面上存在的股票有两种：普通股和优先股。在这本书中，我们讲的永远是普通股，因为普通股才是最受买卖双方关注的股票种类。

请记住，并非所有公司都发行股票。一家公司首先必须是法人团体和有限责任制企业，这是一个以法律定义的术语。大多数您有所耳闻的大公司，如微软、IBM、迪士尼、苹果、谷歌、耐克、通用电气和麦当劳等，都是有限责任制，他们的股票也都在股票市场流通交易，但也有一些企业保持私人持有，不向公众发行和出售股票。

您购买股票只有一个主要目的——赚钱

股票市场的一切都是为了赚钱。简单来说，如果您买了一家运营状况良好、利润持续增长的公司的股票，那么您持有的这些股票的价格就会上涨（顺便说一句，您从一只股票获得的利润被称为"资本收益"，这便是您买入和卖出的价格差异；反之，如果您赔了钱，损失额就被称为"资本损益"）。

您在股票市场赚钱的方式，是将某个价位买入的股票在更高的价位上卖掉,就是这么简单。当然,这并不是稳赚不赔的买卖,即使好公司发行的股票,有时价格也会下滑。如果您购买的股票来自经营良好、收益不错的好公司,上涨的股票价格就是您应该得到的报酬。当然事情并不总是这么简单,还有许多其他因素掺和其中,那也正是您参与股票市场的风险所在。

纽约:股票投资火起来的地方

在股票市场这个地方尚未出现之前,买家和卖家不得不在大马路上当面交易。在1790年前后,这些交易者们每个工作日都在纽约市内一棵梧桐树下碰头。只是凑巧,所有发生这一切的街道叫华尔街(历史爱好者考证:梧桐树旧址位于华尔街68号)。

很多人听闻了早年发生在华尔街的种种故事,难免心驰神往,只恨生不逢时,未能参与其中。在一些日子里,股票的交易量甚至多达100股(在今天的股票市场中,每天都有数十亿美元的股票成交)。

在早期的日子里,如此人头攒动的交易方式,使得24位经纪人和管理贸易活动的商人们决定组织他们的交易行为:只要缴纳固定的佣金,他们同意向公众开放公司股票的买进卖出,他们从这些交易的股票中抽取每股25美分(如果是今天,我们会称这些人为"股票经纪人")。这份当年被称作《梧桐树协议》的文案,签署于1792年,那就是大名鼎鼎的纽约证交所(NYSE)当年的开始。

没过多久,经纪人和商家们把办公地点搬到了华尔街的一家咖啡店。几经辗转,最终搬进楼内,在位于华尔街的纽约证券交易所大楼安营扎寨。请记住,证券交易所仅仅是一个供人们去买卖股票的地方,它提供给股票交易一个有组织的场地,就像超市提供了食品交易的场地一样。

即使在200年后的今天,"华尔街"这个名字仍然象征着美国的证券交易和那些参与交易业务的金融机构,而无所谓这些金融机构的实际位置在哪里。如果您到纽约就会发现，华尔街只是一条曼哈顿下城金融区的狭窄街道。因此，所谓股票市场或者华尔街，真的只是一个方便谈论所有与金融市场相关的人和事的称谓而已。

两家主要的证券交易所

纽约证券交易所成立后，仍有一些没有达到纽约证券交易所上市要求的股票，负责交易那些股票的经纪人，仍然在街上路边进行交易，他们因此得名"路边经纪人"。1911年，负责交易非上市股票的这些路边经纪人的交易，开始被称为"纽约场外交易市场"。1921年，他们终于搬到室内，入驻格林威治街的一幢建筑，命名为"纽约场外交易所"（又译为"纽约克伯股票交易所"），并于1953年正式更名为美国证券交易所。

第三家证券交易所，由成立于1971年的全国证券交易商自动报价系统联合会（纳斯达克）发展而来，是全球第一家电子股票交易场所，成员们通过联网的计算机连接在一个系统里。

曾有一段时间，美国各大主要城市都有证券交易所，比如费城证券交易所（这是美国最古老的证券交易所组织）和波士顿股票交易所。为了与其他交易所更有效地竞争，许多较小的股票交易所（包括美国证交所）都与纽约证券交易所合并了。

经过一系列合并，纽交所成为今天的纽约证交所——泛欧交易所。纳斯达克也吞并了一些较小的交易所，但保留了原来的名字。可以预料的是，未来仍将会有其他合并行为和名称的变化。

证券交易所存在于世界上几乎每一个国家，尽管美国市场是最大的，其他有证券交易所的国家，包括英国、德国、瑞士、法国、荷兰、俄罗斯、日本、中国、瑞典、意大利、巴西、墨西哥、加拿大和澳大利亚等。

总而言之，这一切非常有趣，但它并非真的会影响到投资者。您从哪个证券交易所购买股票其实无关紧要，尽管这些股票多半最终来自于美国的两个主要证券交易所——纽约交易所或纳斯达克。

加入一家证券交易所

对一家公司来说，在股票交易所挂牌上市并非易事，毕竟每个交易所都有许多规章制度。对一家不熟悉情况的公司来说，要逐一满足交易所的各项条件，直到最终让自己的股票能够在这里挂牌交易，是可能耗时数年的事情。

举例来说，纽交所上市的公司都是些美国家喻户晓的知名大公司，包括沃尔玛、家得宝、IBM、宝洁、强生和可口可乐。

另一方面，纳斯达克股票交易所的上市公司，则涵盖许多科技公司，比如谷歌、脸书和苹果。此外，"场外交易"股票的交易场所OTC也位于纳斯达克证券交易所。顺便说一下，超过15000家上市公司共计5000多只股票，在美国上述两大主要证券交易所公开交易，另有10000多家小公司"场外交易"。

记住，公司通过在股票交易所挂牌上市，使其股票被广泛持有，而当一家公司有了众多的股权持有者，它自然会遇上坚定持有的忠实股民。当然，通过出售公司所拥有的股权份额为该公司筹集资金，始终是一家公司最初决定发行股票的主要动机。

上市公司：说服人们购买他们的股票

一旦某家公司上市，它发行的股票被允许交易，事情的关键就转而成为如何让投资者相信他们是一家有投资价值的公司。各家公司为了出售他们的产品，无不竭尽所能、各显神通，尽力吸纳投资者的资金。大企业集团在报刊、电视、网络和手机等各种渠道都能广发"英雄帖"。小公司则更加依赖在线广告，尤其是社交媒体和手机媒体，当然也不乏口碑营销、电子邮件和新闻发布。

和华尔街有联系的专业人士们，总是对这个市场不吝溢美之词（这是因为他们更希望市场能持续上扬）。如果投资一家盈利的公司，运气好的话，您也可以赚上一笔。

需要注意的是，一旦一家公司（通过IPO，即首次公开发行的方式）在一家股票交易所挂牌上市，出售其股权份额而筹得资金，这家公司便不得参与自己所发行股票的交易，所有经由股票的买入和卖出所产生的交易利润或损失，都归于投资者，而非发行股票的公司；换句话说，即使IBM的股价上涨了20%，该公司也只从自己现已拥有的股票份额中获取收益，而不会参与已经公开发行给公众持有的那部分股票红利。尽管如此，上市公司还是会希望看到其股票价格上涨，一方面因为那是极好的公共宣传，另一方面也能保证自己员工（他们往往拥有股票）的好心情。任何一家公司都希望人们购买他们发行的股票。另一方面，如果一只股票价格下挫，就会产生公司力图避免的负面新闻。公司只要力所能及，都会竭尽全力去劝说投资者（和非投资者）购买他们的产品，这将创造利润，同时激励那些主要的机构投资者（比如养老基金和银行）来购买他们的股票。

现在您对于股票交易市场的幕后情况也已略知一二，接下来我们就可以在股票交易的知识系统中拾级而上。首先，请让我向您介绍参与股市交易者的三大类型：个人投资者、短线交易员和专业人士。当您读完第一篇的时候，您应该对自己将如何参与股市交易有了一个更清晰的想法。

个人投资者

普通的投资者买入那些他们认为股价被市场低估的公司股票，他们计划长期（通常数年）持有这些股票。投资者们通常选择忽略市场短期日常的价格波动。如果一切按计划进行，他们会发现，他们的投资价值随着时间的推移有所增长。

我们这个时代最成功的"买入持有型"投资者之一,沃伦·巴菲特喜欢说,他购入的不是股票,而是企业,他以最合适的价格购入股票,并尽可能长久地持有。

然而也别忘了,巴菲特购入的股票来自保守的(有人说是乏味的)企业,例如保险公司和银行,而很少购入科技股。巴菲特成为亿万富翁就是靠着他的长期"买入并持有"投资策略(投资策略是一种帮助投资者决定买进和卖出哪些股票的整体计划)。

那些买进并持有家得宝、沃尔玛、3M 公司的投资者,就是提前预测到他们投资的公司的价值会随着时间的推移而增长。

事实上,过去有许多时期做投资者是有利可图的。在那些好的年景里,股市价格大幅度上扬,一些股票价格上涨到之前的两倍甚至三倍之多。这是作为投资者最幸福的年代。

不幸的是,作为投资者也有灾荒年景(通常在熊市期间,当市场价格普遍下滑时),在这些时期,一年的收益可能会在几周内灰飞烟灭,因为股票价格下降的速度比上升更快。对于投资者来说,幸运的是,从长期看,市场走高的概率往往还是会超过它下降的可能性。

短线交易者

与一般投资者不同的是,短线交易者不关心一家企业的长期前景,他们的目标是利用价格的短期波动,这意味着他们可能会在 5 分钟内购入又卖出股票,有时这个完整的交易动作需要几小时或几天,至偶尔长达一个月的时间。今天的高频交易者持股时间以微秒计算。这些交易者关注的是股票价格,而不是公司的业绩。

短线交易员还包含许多不同的类型。交易策略包括头寸交易(持有时间在一到两个月)、波动交易(持有一个星期,直到达到某个目标价格)和日内交易(持股不超过一天)。日内交易者极为迅速地买入和卖出股票

(希望卖到更高的价格），但总是在一天的市场收盘之前沽清。一般来说，他们会在一天结束时将所有的收益转换回现金。

专业投资者

专业投资者使用别人的钱（有时也用自己的）代理客户投资或交易。专业投资者包括养老基金等机构交易员、银行、经纪公司、共同基金公司和对冲基金（本书稍后将向您提供更多关于机构投资者的知识）。

机构投资者手头的可动用资金动辄数十亿美元，他们不仅可以影响个股价格，甚至可能影响整个市场。这些机构投资者们有的还设定了自己的计算机程序，来实现在满足特定条件下股票的自动买卖行为。如前所述，高频交易者利用计算机算法，可以用每秒数千笔的交易来捕捉一分钱的利润——在基数庞大的情况下，那些看似毫厘的利润汇总起来，就能实现巨额的当日收益。

据估计，专业交易员进行的交易实际占到市场每日成交量大约90%，其他散户投资者整合起来也只占剩下的10%。

华尔街的统计方式

华尔街自有许多跟踪市场动向的办法。了解股票市场交易日动态的最简单办法之一，就是通过电脑或移动设备在线查看行情。除此之外，您也可以通过读报纸、看电视或者听收音机来掌握市场动态。

当您听到人们谈论"股市"时，他们通常指的其实是道琼斯工业平均指数（DJIA），其中包括30家著名的大型美国公司。如果您想知道市场今天总体是上升还是下降了，您可以去查看道琼斯工业股票平均价格指数。这个神秘指数的细微变化，带给亿万人惊恐或狂喜，它已经不是一个普通的财务指标，而是世界金融文化的代号。

其他指数：标普 500，纳斯达克和罗素 2000

  道琼斯指数是世界上历史最为悠久的股票指数（目前由《华尔街日报》维护），它的全称为股票价格平均指数，是目前世界上影响最大、最有权威性的一种股票价格指数，目前其旗下已经坐拥上百个行业指数，覆盖着股票市场中所有行业，无论是运输业，还是公共事业，又或者是科技行业。一些经验丰富的机构投资者习惯于关注每个指数，但个人投资者往往只关心其中最著名的四个（工业、运输业、公用事业、综合）。

  仅次于道指的，是标普 500 指数，它受关注的很大原因是其覆盖了整个美国股票市场。该指数就如同它的名字一样，包含了美国市场上市值最大的 500 家上市企业。另一方面，与道琼斯工业指数的算数平均统计方式不同，标普 500 指数是基于股票市值来分配其权重的（我会在第 2 章对此进行详细的讨论）。

  接下来就是纳斯达克综合指数，是跟踪在纳斯达克交易所上市的所有股票（超过 3000 只）。纳斯达克往往和道琼斯如影随形般出现在世界各地的财经新闻中。其他著名的股票指数还有罗素 2000（由罗素公司编制和维护）和威尔谢尔 500 指数（威尔谢尔公司编制和维护）。您能够通过后面的章节去学习如何跟踪和复制一个指数，尽管它们并不能够像股票一样轻易地买卖。

  如果您是专业的基金经理，那您的目标一定是跑赢这些主要的指数。这意味什么？意味着如果道指今年上涨了 15%，那您的获利必须多于 15%，否则您的年终分红将会化为泡影。

  但残酷的现实是，对于绝大多数的投资者甚至机构投资者而言，击败指数是一个极其困难的目标。根据统计结果显示，平均每年 80% 以上专业基金经理们的业绩都被指数击败。只有在一些特定的年份中，大约 15%—20% 公募基金和对冲基金可以击败标普 500 指数，在一些特定的个股分类基金（国际股票基金）中，这个比例则更少；所以，可以很负责任地说，绝大多数的基金经理们不能击败指数。

看到上面这些统计数据，您的脑海中是不是已经浮现出下面几个疑问？首先，如果一个专业投资者不能击败指数，那作为初学者是不是一点机会也没有？其次，通过不断学习，业绩是否有可能比那些职业基金经理们更好？此外，您一定在思考，直接投资指数是不是最简单有效获得收益的途径（我会后面章节中一一回答这些疑问）。

在这本书里，我会讨论所有专业投资者使用的统计数据，包括如何投资主要指数。

以点论输赢

如何定义您在股票市场输赢多少，华尔街通常是用专业术语"点"代表直接金额。首先记住我们口中所讨论的股票，它是公司的一部分。您可以购买1股、100股、1000股，或者任何一个您可以负担的数字。每一只股票都有它自己的价格，从几美分到几百美元，甚至上千，这些价格都是一直在不断变化着。

现在，让我们看看在股票市场中是如何统计输赢的。例如，我们购买了一只股票，它当时价格为每股20美元。如果您这只股票在几天后从每股20美元上涨到25美元，则您的股票上升了5个点，也就是每股赚了5美元。这就是华尔街的计数方法。另一个例子，如果您的股票从10美元上升到11美元，则您每股赚取了1个点（或者每股赚取了1美元）。

道琼斯指数、纳斯达克、标普500的涨跌幅计算，华尔街也采用相同的计数方法。如果道指从15000点上升到15100点，则您可以说市场上升了100个点。

注意：尽管可以告诉人们赚取了多少点或者盈利比例，但我认为告诉别人自己在市场中获利的具体数字有炫耀之嫌，还是低调点好。即使您一天内赚取了5000美元，留给自己知道就可以了。

我的成本是多少

如果您能理解如下的计算问题，您就充分明白了如何在市场中交易股票的奥秘。每笔交易其实就如同一次拍卖，伴以具体的价格。这些价格变化很频繁，甚至一些股票会在一秒中变化几次。

举例来说，您对一个叫YYY的制造行业股票感兴趣，它目前的交易价格是每股20美元。

您决定去购买100股，那么花费就是2000美元（100股乘以每股20美元）。这意味着您必须支付2000美元给您的经纪商，去购买这100股YYY的股票。当然您的每笔交易，还得支付大约额外10美元的佣金给经纪商。

学习这个数学算法是很简单的，为了加深您的理解，我们多看一个例子：

假如您想购买1000股的某股票，其价格目前是每股15美元，那您的花费是多少？答案是15000美元。

再来一个例子：您想购买100股某股票，价格是每股5美元，则需花费500美元，并附加上经纪商的佣金。

注意：通常而言，大多数散户投资者购买股票的价格从5美元到200美元不等，但很多时候也是因人而异。

您赚了多少

假设您决定去购买100股的某股票，其价格是每股15美元。您已经知悉将会花费1500美元的成本，如果股价在您购买之后上升到了每股16美元，您就赚取了 1 个点。如果股价继续上升到 17 美元每股，您就赚取了 2 个点。

同时千万不要忘记您拥有股票的数量。返回前面的例子：拥有 100 股，1 个点就意味着您盈利了 100 美元。对于初学者而言，数量和价格是同等重要的。假设股价上升了 2 个点，您就获利了 200 美元。在股价上涨的时候，越多的股数，代表着越多的获利，反之亦然。

读者提问：如果没有人愿意购买我手中的股票，那将会发生什么情况？

回答：这是个很好的问题，所描述的情况就如同我有幢房屋出售，但是无人问津。对于如何解决这样的问题，交易所已经设置了一系列的解决方案，比如做市商和特种交易商。简单来说，市场中有这么一群参与者，他们有责任去回应您的询价，以此去为维持一个公平和有序的市场运行。反之，如果交易市场中没有人愿意出售一只您感兴趣的股票，做市商们则必须去回应您的报价。您不一定能获得最好的价格，但是您至少知道市场一定会对您的交易要求有所回应。

我现在就会讨论做市商和特种交易商的规则。

特种交易商

在纽交所中，特种交易商扮演着中间媒介的作用，他们做市一只股票或者一些不同的股票。纽交所拥有足够的特种交易商去覆盖所有的上市股票，这意味着他们跟踪所有的股票交易，并去撮合买卖双方。在一些特别的时候，特种交易商会动用自己的资金去充当交易者的对手方。听上去这是不是一个十分有趣的工作？在电子化交易普及前，特种交易商们往往每次都是手动成交指令。目前随着技术的革新，人工交易逐渐消失，电脑和移动设备做着大部分的工作，交易指令也从以前几百笔上升到了几十亿笔。很难想象没有计算机，市场将会如何的混乱无序。

您一定在好奇，这些特种交易商是如何赚钱的，因为他们还要经常动用自有资金买卖股票。首先我们要明白，市场中的投资者不会支付他们任何费用。做市业务的模式基于每笔交易的盈亏。为了维护市场有序，他们需要成交一些非自身意愿的指令，但同时，他们被授权能双边报价，能更好地管控自身的风险。特种交易商们做市的职责，是维护市场的流动性，在市场清淡的时候，必须回应一些他们并不情愿或者注定亏损的报价，这种时候他们会获得一定的补偿。

作为散户，如果您的交易量只是几百或者几千股的话，那您完全不用担心特定交易商的报价撮合能力，他们可能根本无视您的交易指令，任由市场自由处理。

做市商

在纳斯达克这个全电子化市场中，做市商们匹配着买卖双方。做市商可以是一群个人或者公司，他们有责任和义务在交易时段内买卖股票活跃市场，他们的作用和职责就是给市场以足够的流动性，以保证每只股票能十分简单地买进或者卖出。

做市商最主要的工作，是保证市场中指令平滑流动，以维持一个公平有序的市场。跟过去相比，随着计算机的飞速发展和电子化交易的全面普及，出现在市场中的个人做市商越来越少，绝大多数的流动性是由计算机在管理，机构做市商运行着程序，自动买卖股票去匹配交易双方。

纳斯达克跟纽交所有所不同，纽交所只允许每只股票有一个特种交易商，而在纳斯达克市场中，每只股票可以拥有多个做市商，同时受青睐的股票或者说流动性越好的股票，往往有着更多的做市商。

比如，苹果公司拥有30多家做市商，然而，一只价格1美元的低流通性股票可能只有一家做市商。但是，纳斯达克规定每只股票必须有至少一家做市商。请您牢记，这一切往往发生在几秒之内。因为每天数以十亿的股票在交易，您的交易指令都是通过计算机在传输，但好消息是，通常总能完成股票交易。

现在，让我们看下股票趋势的三个方向：上升、下跌或者震荡。事实上，股票易于理解的一个理由就是，它只会在这三个方向之中运行。

牛市：市场上升

牛市给予了大多数交易员和投资者以巨大收益。在牛市中，华尔街欣欣向荣，因为投资者们会不断往股市中注入资金，基金经理们则可以坐享天价年终分红。个人投资者们同样兴奋无比，因为他们的401（k）和IRAs养老金也伴随着股市增值，使得每个人都感觉自己变得越来越富裕。同样，商家们也欢欣鼓舞，因为消费者们更愿意花费。

在牛市行情中，似乎所有人都怀着买入股票的心情，经常毫无理由地购入股票，此时，所有主要指数都是直线上涨。人们乐观看待国家的未来方向，并积极谈论在股市中的盈利。

在20世纪20年代早期，汽车工业的发展和电力的普及带动了第一波牛市，而在20世纪90年代，网络和信息技术的崛起驱动了股价的飙升。在21世纪初，美国经历了两次金融危机后（2001年网络泡沫和2008年的金融海啸），美联储的低利率货币政策引领着最新一轮的牛市。

重要提示：牛市和熊市都只是市场周期的一部分。股票市场不可能永远上涨，或者一直下跌，但是回顾历史，熊市往往持续的时间相对更短（很少超过一年），而牛市却能持续3年或者4年之久。每个牛市和熊市都是不同的，很难精准预测持续的时间。

在许多牛市中，投资者们往往认为"好时代"会一直持续，而忽视一些市场的负面新闻。当股价不断攀升的时候，他们会选择追涨，生怕错过一波更大的上涨行情，股价会被继续推升，从而形成一个"恶性"循环，直到牛市结束。

熊市：股票下跌

有时候，股票会在一段时间段内（几个月或者更长）持续下跌。当下跌幅度超过20%时，我们通常就会正式定义熊市的到来。这意味着所有的主要指数——道琼斯、纳斯达克、标普500指数都会持续下挫。熊市中市场弥漫着悲观的情绪，部分投资者们会不计成本地抛售手中的股票，而另外一部分投资者们则持券观望，无奈和迷茫凸显在他们的脸上。经济环境的疲软、企业盈利的下降是造成熊市的主要原因。

熊市是华尔街的天敌。在熊市期间，投资者们对股票避之不及。他们只愿意手持现金、黄金或者债券。那些著名的投行则关闭了招聘窗口，甚至不断解雇现有员工。即使一些上市公司公布了利好的数据或者消息，也无法带动股价的回暖。

我们通常会把股票市场称为国家实体经济的先行指标，熊市则预示着衰退即将来临。没人能准确预测熊市将会持续多久，尽管根据历史数据统计，熊市并不会持续很长时间。

注意：市场回调通常是指股票下跌，但幅度小于20%。市场回调不等同于熊市。

双边市：股票上蹿下跳

对于华尔街而言，相比熊市，他们往往更痛恨双边市（在熊市中，做空股票依旧能获取盈利），因为投资者们难以盈利。在一个双边市中，股价往往上蹿下跳，但最终止于起始价位。投资们也纷纷选择手握现金，拒绝参与其中。

历史最长的一次双边市，发生在1929年的股灾之后。股市在1932年触底，市场整整用了22年，道琼斯指数才回到了1929年的381点位置。

在一个双边市中，人们很难像在牛市或者熊市中那样（短线交易员在熊市也可以寻找机会）赚到钱。事实上，这需要足够多的耐心，因为在双边市中，投资收益难以捕捉。

总之，在您踏入股市之前，请做好面对任何市场的准备，无论是牛市、熊市或者是双边市。

注意：在本书中，我会向您展示各种交易策略，用来应对不同类型的市场环境。

道琼斯工业平均指数是如何创立的

1884年，一位叫查尔斯·道的记者，每天计算11只铁路股票的收盘平局价格，想以此评估每天股市的走势。随后，他在报纸上撰写自己的股市评论。这份当时只有四页"薄纸片"般的报纸，变成了现在街知巷闻的《华尔街日报》。

若干年后，报社给予了查尔斯·道以帮助，支持其发布了道琼斯工业平均指数，指数最初包含了12家工业股票。如果您对平均的概念有所了解，您应该知道道琼斯平均指数，就是把所有股票价格累加，然后除以股票个数而得出的。通过看道琼斯指数，您可以大致了解股市的当天走势情况，它同时也给了我们一些市场趋势的线索，无论是上升、下降或者来回震荡（趋势简单来说就是股票或者市场的运行方向）。

最初的12只道琼斯成份股，代表了19世纪末美国最大和最具影响力的12家公司，比如美国烟草、美国饲料公司、通用电气等。猜测一下那些公司股票依旧在指数中保留至今？（如果您猜的是通用电气，那么恭喜您，答对了，而其他公司要么早已破产停业，要么被其他企业兼并了）

到了1928年，道琼斯公司平均指数的成份股已经扩充到30只，和目前是一致的（顺便提一句，也被称为道琼斯30指数），这30只股票是市场各个行业板块中最为重要的公司（比如科技、公用事业、能源和化工等）。

道琼斯指数是一个价格加权指数，这意味着高价股对指数的影响要超过低价股。比如，IBM公司在指数中所占权重很高（因为其股价较高），当其股票不幸在某天中暴跌，即使其他成份股没有下跌，道琼斯指数依然很有可能因此下跌。

每天很容易在网上和电视中找到道琼斯指数的相关报道，因为公众中超过一半都投资股市，大家都十分关注道指的走势。当我们在讨论道指上升或下跌的时候，其实我们是在讨论该指数所代表的30只股票，即道琼斯30成份股。即使市场或者道琼斯指数在下跌，但您手上的股票也可能继续上涨。

以下是道琼斯30成份股的具体名单（包括股票代码，代码由独一无二的字母组合而成）

明尼苏达矿务及制造业公司（MMM）　　摩根大通（JPM）

美国运通（AXP）　　麦当劳（MCD）

美国电话＆电报公司（T）　　默克（MRK）

波音公司（BA）　　微软（MSFT）

卡特彼勒（CAT）　　耐克（NKE）

雪佛龙（CVX）　　辉瑞（PFE）

思科（CSCO）　　宝洁（PG）

杜邦公司（DD）　　可口可乐（KO）

埃克森美孚（XOM）　　旅行者公司（TRV）

通用电气（GE）　　联合技术公司（UTX）

高盛（GS）　　联合健康集团（UNH）

家得宝（HD）　　威瑞森电信（VZ）

英特尔（INTC）　　维萨（V）

国际商业机器公司（IBM）　　沃尔玛（WMT）

强生（JNJ）　　沃特迪士尼（DIS）

注：偶尔，在道琼斯30只成份股的名单中，也会有新增股，或旧的成份股被移除。

也许您已经开始思考,希望去开设经纪账户和开始投资。请保持耐心。在您投入真金白银之前,有必要学习和了解更多的股票相关知识。往往股市中初学者犯下的最大错误,就是钱包满满,但脑袋空空。

现在,让我们先学习股票分类的不同方式。

第2章 股票分类：
价值股、绩优股、成长股

如果您希望理解股票市场，就应该学习股票分类和定义的多种方式。事实上，人们经常根据每只股票所属的板块或者行业对其进行分类。

股票板块

正如此前所提及，板块分类是根据公司所处行业或者所提供的产品和服务来划分的。股票板块主要包括航空、软件、化学、石油、零售、汽车和医药等。如果您想在股市中盈利，那么分清行业板块，是十分重要的，理由很简单：无论市场或者经济环境如何波动，总有些行业欣欣向荣，也总有一些行业会陷入困境。

举例而言，在熊市中，计算机、科技或者互联网相关板块（一般都为成长型个股）最为举步维艰，很多市场参与者会从上述的弱势板块中抽出资金，而投入到"抗衰退"性板块，比如食品、饮料、石油化工、日常用品（消费品）等行业，因为即使身处经济衰退期，人们也需要吃、喝、看病、买日常消费品，如毛巾和厕纸。

一些专业的操盘手习惯于每天在不同的板块间来回进出，一旦他们在图形分析中确定了最强板块,便会毫不犹豫地买入。

就像股市中的很多事情一样,在板块之间成功切换只是听上去比较容易。在复盘中,很容易发现获利最多的股票板块,但是在实际操作中,却苦难重重,所以最好还是留给专业投资者们去进行操作。然而,理解和分辨各个行业板块,同时注意板块之间的强弱,这些都是值得我们花费时间和精力去研究的。

根据盈利成长性划分

除了根据行业来识别股票,您也可以根据它们过去的盈利增长情况来进行划分,主要分为三类:价值股、绩优股和成长股。

价值股:股价低于其内在价值

价值股通常指的是,公司股价和其内在价值相比,处于一个合理的价格水平。当然,困难的是如何确定公司的真正价值。对于价值型投资者而言,他们的目标就是寻找可靠且正被低估的股票。一些低价股可能依旧被高估,而一个高股价的股票事实上可能已经物超所值。因此仅仅通过价格去判断是远远不够的,您必须知道公司真正的价值所在。借用一句名言,太多人只沉迷于价格却忽视了价值。

价值股通常以传统行业公司居多,类似保险公司、零售商店和银行,因为它们的价格很有可能在未来上升,我们需要花费大量的时间去研究股票价格是否被低估。一般来说,价值股投资者热衷于靠基本面工具来挑选股票(我会在第11章中具体讨论)。

绩优股:保守的赚钱途径

绩优股指的是那些经常给股东派送股息的股票(一些人们也称之为红

利股)。风险厌恶型的投资者往往会青睐于股票红利,因为它直接给予了投资者现金收益。那些临近退休的投资者,也是绩优股的拥趸,他们可以依靠定期的股息来安排日后的退休生活。股息是投资者们分享公司利润的另外一种途径。

那些派息固定的上市公司(一般此类公司价格波动不会太大),一般更受到保守投资者们的欢迎。价值股的另外一个优势在于,如果股价正在下跌,那么股息多少能挽回一点投资损失。每个行业都有绩优股,通常更多的分布在能源、公共事业和自然资源板块中。

投资绩优股也存在一些缺陷:首先,股息收入是需要缴纳所得税,您必须如实向IRS上报股息所得;其次,如果公司不能每年提高派息比率(事实上很多公司根本做不到),那么通货膨胀就会逐渐蚕食股息收益;再次,绩优股也可能不断下跌,虽然下跌的速度和幅度相比其他股票会来得小些。所以,即使您手中的股票都是那些所谓的保守型公司发行,也不意味着在市场整体下跌的情况下您能安然无恙。

成长股:盈利驱动价格波动

成长性指的是公司盈利在过去几年持续增加,市场投资者预期公司增长速度远超同业竞争企业,股价也将随之大涨。强大的盈利能力和快速的盈利增长,使得成长股不断吸引着投资者。高科技行业是成长股中的常客。

有些时候,成长股的股价会处于极端高位,并伴随着高市盈率(P/E),但往往此时公司的盈利数据并不是那么耀眼夺目,而此时买入,正是因为投资者们相信公司会在未来继续快速扩张,赚取更多的企业利润。然而,一份失望的盈利报告可能会使得股价迅速下跌。

因为成长股股价往往会大幅波动,巨大的价格波动,会让绝大多数投资者感到不安,这是一个高风险的投资,更适合短线交易员,或者是坚信其业务模式的长线投资者。

注意：市盈率和其他基本面工具将会在第12章中具体讨论。

根据公司市值划分

您还可以根据市值来划分股票类型，股票市值告诉给您公司的规模有多大：可以把流通股数乘以股票现价，来计算出该股票的当前市值。比如，一家有十亿流通股的大型企业，当前股价为50美元每股，其市值就是500亿美元。

一些投资者只愿意投资大盘股（通常是市值超过100亿的大型企业），如可口可乐、家得宝、强生等，他们感觉这类公司更安全，并认为价格不容易发生剧烈波动。

注意：感谢雷曼兄弟和安然这些公司，正是他们让我们知道，即使是著名的大型企业，也会破产倒闭。

其他一些投资者被中盘股（市值在20亿到100亿之间的中等企业）吸引，还有一些投资者偏爱一些小型或者微型公司股票（小型公司市值在3亿到20亿之间），因为它们股价经常会快速波动。

大盘股想要股价翻倍甚至翻两倍，是一件极其困难的事情。比如，一只大盘股想要从目前50美元上升到100美元，则该公司市值就从1千亿市值翻升到了2千亿，这几乎不可能。正因如此，一些投资者倾向于购买小盘股，它们更有机会市值翻倍，甚至更多。然而，小盘股往往蕴含着更大的风险，因为其业务更容易失败，甚至倒闭。购买一家超小型公司股票，就纯粹是一个承担高风险，追求高收益的投资行为。

流通股

流通股数是指上市公司所发行的所有股票数量，其中也包括公司内部人士和高管所持有的。

公司董事会决定流通股的发行数量和目的。很明显，董事会也决定了公司管理层和员工的持股数量。

流通股数量会在公司的资产负债表上显示，您也可以在财经网站找到相应的数据，比如谷歌金融、雅虎财经和价值线等。

为什么说了解流通股十分重要？在进行股票分析时，流通股数是计算公司盈利和市值的基础。

股息：赚钱的另一个途径

很多投资者会被绩优股吸引，因为那些股票会固定派发股息。让我们更深入地看下股息是如何增加收益的。

公司将一部分留存利润派送给股东，这就是股息，或者称为红利。派送通常以现金形式体现，一些公司更是"大道至简"，再投资这些股息。

收集股息是正确的投资想法。投资者收到公司派送的现金形式的利润，有助于长期构建财富，因为可以使用这些股息去购买更多的股票。注意，公司的董事会不能被要求分发股息，但可以在符合公司经营计划的范围内派送。

股息并不是免费的午餐，因为股价往往会因为派息而下跌（这经常发生在除息日。股息是派送给那些在除息日之前就拥有股票的投资者）。

无论您持有的股票有多少，季付的股息都会帮助您慢慢累积财富。许多人喜欢那些派息的股票，尤其临近退休的投资者，因为他们会依靠定期支付的股息来满足退休后的花销。一般来说，稳定支付股息的公司，基本都是道琼斯指数中的大盘蓝筹股（在股市中，蓝筹股是最有价值的）。

但有些时候，即使是蓝筹股也会决定减少甚至取消派息。增加股息派送一般是一个积极信号，并会带领股价的上升；减少股息则意味着公司经营不善，而不能负担股息支付，股价会随之下跌。

顺便提下，您可以轻易地在网上和财经报纸上，找到上市公司派息的相关消息。

现在您已经知道如何划分股票，接下来让我们看看那些有趣的事情。

第3章　与股票共舞：那些有趣的事

在这个章节，您会学习投资分散化、资产配置、复利和股票拆分的相关知识。让我们开始逐一学习。

投资分散化：不要把所有鸡蛋放到一个篮子

分散化是减少投资风险的良好途径。投资于多种有价证券的组合，它的风险远远低于那些只投资于一两只股票的组合（一个投资组合是由各种有价证券构成的，包括股票、基金、债券和现金等价物，您会在第8章学习到这些产品）。分散化的核心概念是，即使您的一两个投资遭遇巨大损失，其他的投资获利则可以弥补损失部分。

在您的初级投资阶段，如果把所有资金都投入一只股票中，要么是赚得盆满钵满，要么就会蒙受巨大损失。比如，我的一个邻居，把他所有的钱都投向一家全球顶级的科技公司股票中去，10年间，不断的购买并持有这家公司的股票，至今累计投入超过了80万美元。不幸的是，在此期间，公司股价却不断下跌，他最终因此失去了房产，遭遇了离婚，再也没有在经济和心理上缓过气来。

所以，如果有人问我，是否有必要进行投资分散化，我建议的是，有，这很有必要！

此外，一些人会把所有资金投资于他们所工作的公司，这并不是很明智，因为公司一旦经营不善，不仅会损失本金，更有可能会丢失工作。

注意：一些公司会发出员工股票购买计划，允许员工以一定的折扣购买本公司股票，在我看来，这是一个很好的途径，通过股票市场来累积财富，尤其当雇主是家快速增长的优秀企业时。从投资分散化的角度来看，卖出一些公司股票，则会更加稳妥和保险。

分散化是如何运行的？让我们假设您是100%投资（所有可用资金都投入股市）。为了充分分散化，您至少需要5—10个分布在不同行业的股票。后面您会学习共同基金和交易所交易基金（它们能提供更优化的分散化效果）的知识。

许多金融专家会建议您配置一篮子股票，包含不同比例的成长、价值和绩优股，同时还包含国际板块。您也可以同时考虑大盘股和小盘股，这些都是不错的分散化选择。

分散化可能也会令人疑惑。为了操作得当，您必须考虑风险承受能力、年龄、时间期限和您的投资目标。许多人建议就是简单地购买股票和债券来实现分散化（我们会在第15章中讨论），但这并不是永远奏效。

充分理解"如何"和"为什么"进行分散化，将帮助您更好地进行分散化投资。许多人们所犯的错误，就是把所有资金投入到一个行业板块（如科技板块）中去，并错误地认为这就是分散化，虽然这样可能会带来巨额盈利，但一旦错误（像我邻居那样），则会一无所有。

注意：一些投资者会雇佣财富顾问来帮助实施账户的分散化。您必须分辨他们的计划、策略是否适合您的组合。一方面，您不想资产过多暴露于风险之下；另一方面，也不希望过于分散（比如，拥有太多不同的股票、共同基金，或者共同基金和交易所交易基金，因为那样也很难跑赢大盘）。

资产配置：决定每项投资的资金量

一旦您建立了分散化的投资组合计划，就得决定每项投资所需要的**资金比例**。举例来说，您还有 30 年才退休，您可以投资 65% 的资金于股票和共同基金，25% 于债券，然后手握 10% 的现金，以备不时之需。这就是资产分配的例子。

在过去，您可能听说过一些"土办法"，用 100 减去您的年龄的方式来决定投资股票的权重。例如，如果您是 40 岁，100 减去 40 等于 60。根据这个古老的公式计算，您应该投资 60% 权重于股票，剩余 40% 投资债券。

这个公式的问题在于太过保守，同时如果您特别长寿（100 岁以上），那么这个公式可能就会失去作用；此外，剧烈的市场回调会使所有资产一起下跌。

概括：您希望做到恰当的分散化投资，不幸的是，"恰当"是很难定义的，因为对某位投资者生效的分散化策略，很有可能对您并不适用。花些时间去充分理解分散化和资产分配。您会在后面章节学习到很多投资产品，比如指数基金和共同基金，它们能提供更直接的分散化效果。

复利：用您的盈利创造利润

如果您是一名富有耐心的投资者，可以利用已经购买的股票来进一步增加您的盈利，这种方式，我们称之为复利，爱因斯坦曾经称其为"世界第八大奇迹，理解复利者挣钱，不理解者掏钱"。复利背后的逻辑理念，正是人们对利润和股息进行再投资的理由。

复利这样帮助您累积财富：把所有的投资收益（如利息、股息、资本利得）进行再投资，时间期限越长，再投资回报也越大。因此，您的投资获利不仅仅是来源于您的初始投资，还有一部分来源于再投资获利或者说是复利。如果复利对于您来说是全新的概念，那么下面的例子和数字会让您眼前一亮。

如果您年初投资 100 美元且年收益是 10%，则到年底您将总共拥有 110 美元，如果您对收益的 10 美元进行再投资，到明年年底您将会得到总共 121 美元：10 美元是您的常规收益，但那额外的 1 美元则来自复利，或者说是基于第一年 10 美元的盈利。目前看来，额外盈利不是特别多，但是年复一年，则会天差地别。投资收益越多，复利累计越快。如果想要日后获得更多收益的话，请尽早投资。

如果您尽早开始再投资的话，复利是让您变得更富有的一种投资策略。随着您手中的股票增值，您的盈利会增加，可以购买更多的股票进行再投资，这也可带给您更多利润。本金投入越多，复利的力量越加明显。先锋基金前 CEO 和创始人约翰·博格尔就曾经表示，"复利是伟大的数学发现，对于投资者的利润最大化做出了杰出贡献"。买入持有型投资者也常常提及，复利在长线投资中发挥着重大作用。

如果您的投资价格不断升值，那么复利公式就能同魔法般为您带来神奇的收益。可惜，投资股票市场的问题就在于，您所持有的股票价格是否会上涨，又或您是否能获得固定的年化收益，这些都无法保证。

股票拆分：说服人们购买您的股票

董事会决定向股东发行更多的股票，往往会以股票拆分的形式。比如，一家公司宣布了一个一拆二的股票拆分计划，这就意味着每名股东所持有的股票数量都将翻倍。但这不是意外收获，因为公司的市值较分拆之前是完全一致的。作为拆分的结果，您的股票数量增加了一倍，但每股价值只有原来的一半。过程没有增加任何经济价值，但市场参与者倾向于喜欢股票分拆，因为有时候，在拆分宣布之后，公司股价会随之上升。

我们从数学角度来看股票拆分：公司市值没有任何改变，您所有拥有的股票数量翻倍，但是股价则减少了一半，您总的股票价值是完全相同的。(注意：拆分也可能一拆三，一拆四，甚至二拆三)

股票分拆往往会对投资者心理产生一定影响。在现实中，股票拆分并没有改变公司实际的财务状况，其的最大优势在于，带来了更多的投资者，他们可能因拆分之前的高股价望而却步。

当然，上市公司也有实际的理由去拆分股票。如果一家公司从不拆分股票呢？想想伯克希尔哈撒韦、股神沃伦·巴菲特的公司，它的股价一度超过每股160000美元——您没有看错！许多投资者根本买不起一股。

从实用的角度来看，股票拆分确实对一些公司起到了作用。拆分股票本质是一个会计过程（或者是营销），用来吸引更多的投资者，它不会增加公司的实际价值。

注意：当股价过低时，一些公司也进行反向拆分，意味着公司会减少流通股数。反向拆分在心理层面上增加了股东信心。例如，为了提振股价，董事会可能会宣布一个1：10（十合一）的反向拆分。在反向拆分之后，您的股票价值依旧相同，但股票数量减少了。如果一个公司宣布了一个反向拆分，这可能是一个危险信号，因为这通常在股价过低时进行。如果公司实施了反向拆分，这是在人为提高股价，那就可以考虑卖出该股了，当然这需要您自己的判断与决定。

在下一章中，您会学习到如何开设经纪账户去买卖股票。

第二篇

如何进入、退出以及逃离股市

第4章 开立经纪账户

许多人已经开始渴望进入股市进行投资，在此章节，我会介绍如何选择和开立一个股票经纪账户。开户和转账是一个有趣的部分，然而在您投入真金白银之前，我建议先完整地读完这本书。

现在，我会给您介绍开户的具体步骤。

步骤一：选择一家经纪商

第一件您必须要做的事情，是选择一家靠谱的股票经纪商，这是一个重要的决策，因为一旦选择不慎，您将会损失不必要的费用和佣金，更会让您的指令遇到滑点。

一般有以下三种类型的经纪商，我会逐一介绍。

在线经纪商

在线经纪商，也被称为折扣经纪商，主要面向个人投资者和交易员。在线投资或者在线交易可以简单理解为，通过您的电脑或者移动设备进行在线委托买卖交易指令（您也可以投资债券、共同基金、交易所交易基金 ETFs，还有固定收益类产品，比如大额存单 CDs 和国债）。

好的在线经纪商拥有着良好的业界口碑、一个 12 小时不间断的帮助平台来解答投资者的各种疑问，还能提供有竞争力的佣金费率（每笔交易都低于 10 美元）。无论任何时候您买卖一个股票，都需要支付佣金。

在过去的时候，每笔佣金可能花费您 200 美元或更多（根据交易指令的大小）。但是时过境迁，网络和在线交易彻底改变了华尔街的交易模式。不再依靠经纪人来帮您提交指令，您可以在家、甚至在旅行的时候进行在线交易。随着越来越多的经纪公司提供在线服务，竞争越来越激烈，佣金费率也随之降低。

几乎所有在线经纪商都有诸多销售代表，来回答您的疑问，指导您投资——一旦您决定买卖股票，绝大多数公司都基本能满足您的需求。

在线经纪商的网页有着实时的股票报价、通俗易懂的界面和高安全性，一些优秀的经纪商还提供投资者教育资源，比如各种财经文章、在线研讨会、投资策略信息等。此外，顶级的券商还提供一些研究报告、交易机会提示、自定义的界面和盈利损失界面等。

但在线经纪商服务的不足是，他们往往不会或者很少提供投资建议。如果您有一个数额庞大的投资组合，需要一名专业的投资顾问来帮忙管理，那么在线经纪商可能满足不了您的需求。这是您自己必须做的取舍。

您在哪里可以找到那些顶尖的在线经纪公司的名单呢？登录搜索引擎输入：经纪商排名，许多第三方机构（比如《巴伦周刊》）的评论文章就会立即出现。

著名的在线经纪商有富达、亚美利、亿创理财、思考特证券、嘉信理财、交易之王和期权快捷等。

综合服务经纪商

综合服务经纪商包括了那些华尔街最大、最有影响力的股票经纪公司,这些公司向高净值客户提供一系列银行服务和投资产品,通常这些客户没有太多时间亲自理财,又渴望专业人士来帮助管理账户。除非您的投资组合特别庞大,否则不要期待高级的定制化服务。

如果您与综合服务经纪商签订了开户合同,他们便会指派一名专员来管理您的账户,过去这些人被称作股票经纪人,但是由于许多经纪人的不道德行为,给这行带来了严重的负面影响,因此他们现在创造出许多新的名词来"美化"自己,如财务顾问、投资管理顾问、账户经理等。

股票经纪人不仅提供买卖建议,还要时刻关注指令执行情况,对于这些服务,他们会在每笔交易中收取一定的佣金。

由于经纪人都是佣金提成的盈利模式,随之带来的问题是,他们会优先向您推销自家公司的理财产品(比如本公司的共同基金等),这样他们能获得最高比例的佣金提成,更有甚者,一些道德低下的经纪人会不断"搅动"您的账户(做一些非必要的交易)。

如果您打算选择综合服务经纪商,并雇佣一名股票经纪人,我的建议是,花些时间寻找一名诚实、有胜任能力,并能认真对待您的账户的经纪人。此外,您需要提防的那些巧舌如簧的销售人员,他们往往只会关心自己的提成,而根本不在乎您的账户。

许多股票经纪人经常被发现对股票知识知之甚少,而只会像销售员一样推荐本公司的共同基金;更具讽刺意味的是,他们经常告诉零售客户,"您无权亲自买卖股票""让我们来做这些烦琐的工作,您可以尽情地去海边度假"。

为了回应佣金提成模式的缺陷,一些券商已经为一些大客户账户改变了收费结构和模式。从过去的每笔交易收费,更改为每年收取1%—2%点的管理费,最后是否要选择综合服务经纪商,您需要衡量它们的服务是否能满足您的需要。

我的观点是，综合服务经纪商更专注于"赚您钱"，而不是"帮您赚钱"。如果您打算与其中一家签订开户协议，您一定需要看清其中各种费率和佣金的设置。此外，请盯紧您的账户，不要让他们在没有得到授权的情况下做出任何投资决策。

阅读本书的一个重要理由是，您未来不需要完全依赖股票经纪商们的买卖建议——即使有人在帮您管理账户，知道如何监控自己的投资也是十分重要的。

一个著名的综合服务经纪商的反面案例，就是雷曼兄弟，曾经华尔街的四大投行之一，最终无奈宣告破产。

资金管理人

如果您拥有一个大型的投资组合（至少500000美元），您就可以考虑雇佣一名专业资金管理人，他们通常收取资产规模的1%或者2%作为管理费，将管理您的整个组合，主要负责买卖股票、债券，或者其他有价证券。您所要做的，就是每季度支付管理费而已。

如果您发现一家诚实可信且能力超群的公司，资金管理人可以很大程度地提高您资产组合的价值。但事实上，找到一家有能力的公司并不容易，因为绝大多数的资金管理人并不能持续的跑赢市场。

寻找适合的资金管理人，亲口交流和独立研究是必要的功课，更为重要的是，无论您最终选取了谁，您必须保证对自己账户的绝对掌控。著名的诈骗犯伯纳德·麦道夫经营他的庞氏骗局长达20年之久，究其原因，他能操作并掌控所有客户的资金，如果有潜在客户提问太多，他会给出一个十分模糊的回答，或者直接拒绝该客户的投资。

麦道夫的庞氏丑闻中有着太多值得深思的教训。无论您最后选择谁，对于您账户的资金管理人，请多多提问，并坚持查看所有的交易流水。所有人都可以在市场上升（牛市）中赚到钱，但是有多少人在熊市中依旧大赚呢？您不会产生丝毫怀疑吗？在阅读完本书之后，您就会提出更多的疑问。一名诚实且能力卓越的资金管理人，能够解答您所有的问题。

在麦道夫被捕之后，他也给予了投资者们一些建议。他说道，如果您雇用了一名资金管理人，那么请确认管理人使用的是第三方独立的资产托管人（一家金融机构，比如银行或者券商作为您的资金托管方），同时一名合格的审计师也是确保资金安全的核心要素。

概括：既然您正在阅读本书，我就假设您在未来会在在线经纪商那开户，所以，让我们开始吧。

步骤二：开设一个在线账户

在您选定一家在线经纪商后，您可以联系他们公司的员工——去实体办公室、电话或者通过电子邮件都可以，他们会通过电邮或者邮件发给您一个注册文件，当然您也可以通过电话和电子签字的模式来完成所有注册手续。

每个人都想知道投资需要多少启动资金，在线经纪商的在线账户一般要求几百美金即可，当然也有些券商要求至少 2500 美元，作为最低开户要求。

完成注册后，您就可以签署支票进行资金存入。您会被要求填写一个调查问卷，是关于您过往投资经验和风险承受能力。不用对您的回答纠结太多，这不是一个测验，并没有太多的意义（事实上，在您做完第一次投资后，这个问卷恐怕您不会再看第二次）。

邮寄给经纪商的支票，一般会存入您的现金账户，可以简单理解为这就是一个储蓄账户（也可以认为是一个货币市场账户）。资金存入后，真正的困难才开始。尽管买卖股票是一个容易的操作，但想要在市场中赚钱，却是一个艰苦的过程。如果您没有任何投资经验，就不要着急。现在更重要的是学习市场。股票市场就在那儿，当您做好准备的时候，可以随时开始进行投资。

在开设账户的时候，您会被问及"是希望开立一个保证金账户，还是现金账户"——保证金账户，您可以从经纪商那借入资金，允许您使用额外的资金投资于相同（或者多个）股票。

通常，经纪商会给予您 2∶1 的保证金比例。比如，如果您的账户中只有 2500 美元，却想要去购买价值 5000 美元的 XYZ 股票，那么经纪商会借给您剩余的 2500 美元，那么现在您相当于有 5000 美元可以使用。当然您得支付那借来的 2500 美元的利息。

保证金的优势在于，您可以使用经纪商的资金去赚取更多的钱，这被称为杠杆。恰当使用杠杆会让您的资产价值飙升。但如果您的股票正在亏损，则可能会损失部分甚至全部的自有初始投资，此外您还不得不倒欠之前所借入的资金。在股票市场中，股票下跌远远快于上涨，所以，保证金增加了投资者额外的风险。

如果您保证金账户中的股票价格突然下跌很多，您可能会接到补充保证金的通知。经纪商会电话催促您立即提供更多现金或等额权益资产；如果您不能迅速补足缺口，那么经纪商有权卖出您的部分头寸，以确保保证金比例回到正常水平（通常为 30%）。

对于正确掌控保证金，许多人缺乏足够的知识和严格的纪律。我的观点是，保证金投资是高风险的投资策略，最好还是留给那些经验丰富的交易员——请使用您能负担的资金去投资，而不是随便借钱；如果您听不进这个建议，等您接到催款电话后才幡然醒悟，就为时已晚了。

步骤三：理解股票价格

准备好开始学习一些有趣的内容了吗？假设您已经完成了所有开户的

书面工作。起始资金是2500美元，正安全地存放在您的资金账户之中，此时您坐在电脑前，正准备开始第一笔交易。

您得首先读懂股票报价。

简单而言，股票的报价就是目前股票的即时价格。让我们来看下图表4-1中股票YYY的例子，其中包含了股票的所有基本信息，如股票代码、买卖价格、成交量和最新成交价格，还有一些细节，比如流通股数、股票市值、52周的最高价和最低价，最近一次派息日期和派息率，以及股票过去一年的走势和表现。

哪里查看股票报价

如果您不知道股票的当前价格，可以快速地在股票经纪商网站上寻找，或者在一些著名的财经网站上查阅，比如谷歌金融或者雅虎财经。您也可以在手机端下载相关应用软件，以便随时阅读报价。

每个股票都有自己的股票代码，其中一些容易记住，比如IBM公司的股票代码就是IBM，微软就是MSFT，美国电话电报公司就是T，通用电气则是GE。

大多数人倾向于记住那些代码而不是股票的全名。每一位经验丰富的投资者都会熟记那些知名大公司的代码。如果是在纳斯达克上市的股票，代码通常是四个或者五个字母，如果是纽交所（NYSE）上的股票，代码一般是一个、两个或者三个字母。

提示：在搜索网站上输入"股票报价"，许多财经网站便会显现。除了您的经纪商公司外，三个主要的财经网站会提供免费实时的股票报价，它们是谷歌金融、雅虎财经和Quote.Com。当然您也可以通过电视上的财经频道来查看报价信息，比如CNBC、彭博、FOX商业新闻等。

最新价	44.7099	开盘价	45.14
成交时间	东部时间 2:29:03	当日最高价	45.56
最新成交交易所	三级市场	当日最低价	43.89
涨跌	0.3499	昨日收盘价	44.36
涨跌幅	0.79%		
买价	44.67	52周高	51.939
买单数量	1	52周低	
买单交易所	纽交所集团群岛交易所	过去 52周 价格涨跌幅 +109.57%	20.2467
卖价	44.71		
卖单数量	2		
卖单交易所运营商	直边		

股票市值	44.2亿美元		
流通股数	99667000		
卖空股数	25142039		
卖空股数占流通股比例	25.23%		
回补天数	5.93		
市盈率(过去 12个月)	97.64		
市盈率与增长率比率(5年预测值)	4.8		
除权日	—		
付息日	—		

来源：富达投资. 2002 EMR LLC

图表 4-1 详细股票报价

买入价和卖出价

仔细阅读图表4-1，您会看见两个价格：买入价（低的那个价格）和卖出价（高的那个价格），它们是报价中最重要的一个环节。

每只股票都有自己的报价：买入价指的是您打算卖出股票所能成交的即时价格，卖出价则是您打算买入股票的那个价格。为了帮助您能记住这些，请这样想：低的价格是您卖出股票的价格，较高的价格则是您买入股票的价格（低卖高买）。

买入价：这是当前所公布的最高价，有人愿意购买您正打算出售的股票。

卖出价：这是当前所公布的最低价，有人愿意出售您正打算购入的股票。

注意：没有必要支付一个很高的卖出价，或者卖出股票以一个很低的买入价。您只需要根据自己实际需求，输入价格就可以了。但是，如果您的价格远离当前的买/卖价格，则交易指令很难确保被成交。

在图表4-1中，YYY的当前买入价是44.67美元，价格略高的是卖出价，如果您想要购买这只股票，则必须要支付卖出价，当前的卖出价格是44.71美元（您不一定要输入这个卖出价，可以输入略低的价格，但是如果您要立即成交，则您必须支付44.71美元）。

注意：很有可能，您最终成交价格是在买/卖价格之间。通常买入价和卖出价之间有几分钱的出入。

买卖价差

您刚刚学习到，在买入价和卖出价之间往往有价差的存在。在图表4-1中，买入价（44.67美元）和卖出价（44.71美元）之间是

0.04美元的价差。对于大多数的股票，价差往往是一分或者两分。但对于那些流动性比较差的股票，价差则会大得多。

如果您看到一个股票的价差很大，这可能是一个危险信号，表示股价可能会大幅波动，如果您正打算卖出该股，但稍一犹豫，很有可能下一秒的价格会很糟糕，让您损失更多。相反，越小的价差，往往对投资者的成交越有利。

股票报价是指股价的瞬间变化。尽管这些数字十分有用，如果您想要真正了解一只股票，那您得继续阅读本书，去深入学习。

许多人并没有意识到，一只价格为50美元股票的内在价值，可能远远好于价格10美元的股票，尽管后者价格更显低廉。10美元的股票可能根本没有盈利，且负债累累，因此，您应该选择购入价格50美元的股票，即便是相同本金下所能购入的股数更少。股神巴菲特就曾经说过，宁愿用公允价值购入一家优秀公司，也不用一个低廉价格购入一家平庸企业。

高点和低点

当您在看股票报价的时候，您也会看到一些数据，比如一些绝对数字或百分比，它们描述日内股价上升或者下降的幅度。在图表4-1中，YYY上升了0.34美元或者0.79%。许多人也查看过去52周的股价高点和低点，来观察近期走势的变化。

股票价格实际上只是股票市场中很小的一片拼图。股票价格并不会告诉您股票真正价值所在。您不会想购买一只价格被高估的股票。股票市场就像一个拍卖所，您的目标就是在公允价格购入股票，然后以更高的价格卖出。这其实不容易去实施，但这是您的目标。

让我们开始购买第一只股票。

第 5 章　购入您的第一只股票

在购入第一只股票之前，您会面对若干指令选项，您需要了解一些专业词汇，以便正确地建立交易指令，这是一项十分必要的学习内容。很多投资初学者经常在此犯错，并为之损失金钱。

假设您打算购买 100 股 YYY，目前的股价是 10 美元每股。

注意：在您投资股票之前，建议您先做一点必要的功课。从哪开始？首先，我建议您读完本书之后再开始买卖股票，这样您不仅会明白收益，更会了解股票投资的风险；其次，在第 18 章中，我会列举各种学习资源，包括其他的股市书籍和财经网站，供您参考。学习股市的知识会花费很长一段时间，请保持耐心。开户实战也能帮助您了解市场，但请先从小笔金额开始。

通过您的经纪商在线买卖股票，首先请输入您的用户名和密码（这都是经纪商所提供），登录成功后，您会立即看到您账户中的可用金额。

在我们的例子中，您的账户中有 5000 美元，想要购买 100 股 YYY，股票的最新成交价为 44.69 美元，目前的卖出价是 44.71 美元每股。这笔交易，一共花费您 4471 美元（100 股 ×44.71 美元每股＝4471 美元）加上此笔交易的佣金。

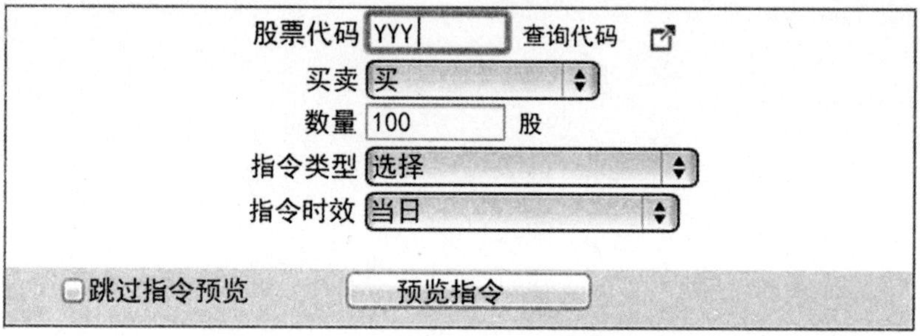

股票代码	YYY		查询代码
买卖	买		
数量	100	股	
指令类型	选择		
指令时效	当日		

□跳过指令预览   预览指令

来源：富达投资。2002 FMR LLC.

图 5-1　指令输入界面

继续，您必须跟从在线指引。很有可能，此时您会点击"交易"按钮。

然后，一个指令输入界面就会出现。图 5-1 提供了我们股票 YYY 的指令输入界面。

注意：您的实际操作界面可能和我们图 5-1 中所展示的略有不同。

在界面中完成指令建立是很容易的，但若想不犯错，又不是那么简单，所以请认真学习正确的操作方法，任何错误都有可能导致您不必要的损失。

代码：输入正确的代码。有时候，一些投资者输错股票代码，买错了股票！幸运的是，界面中有一个预览按钮，可以帮助您在正式提交指令之前检查和发现错误。

买卖方向：选择买或者卖。因为我们打算购买 YYY，所以我们选择点击买。

数量：选择购买股票的数量。对于这个指令，我们输入 100 股。

指令类型：您可以选择市价或者限价指令。我们选择限价指令，后面我会告诉您选择的理由。

有效时间：您可以对任何指令设置一个生效时间。默认的设置是"当天"，指的是指令只在当天内有效。您可以点选"撤销前有效"，我会在稍后详细解释。

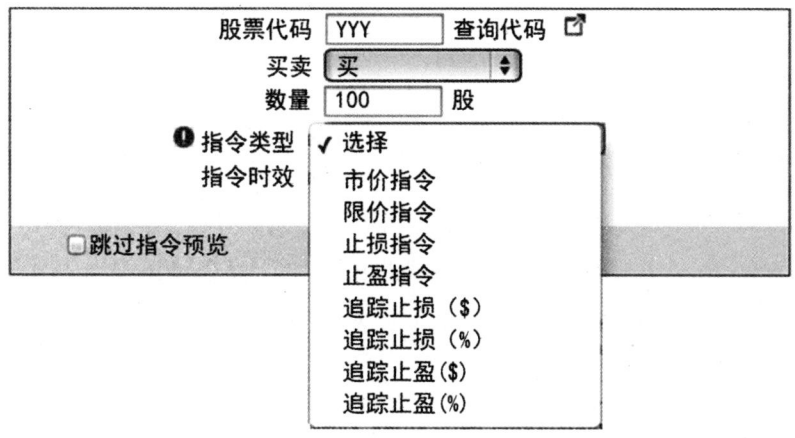

图 5-2　指令类型界面

市价指令：快速成交在一个不确定的价格

市价指令是最快速和最简单的指令类型。我们查看 YYY 的报价，它目前正在 44.67 美元和 44.71 美元之间交易。请回想一下，让我们回到之前的例子中去。如果您想购买 YYY，它现在的卖出价是 44.71 美元，这个价格是您目前可以接受的上限。如果您不喜欢这个价格，不用担心，一秒后价格就会发生变化。

当您委托一个市价指令，立即就能成交。为什么？是因为电脑捕捉到一个最低的（公开）卖出价和其对应的数量。这是一个对于卖家有利的价格，但对您——买家，可能就不是了，就好比您以价目表上实打实的价格，购买了一辆汽车，没有任何讨价还价。如果您想要快速成交，那么您可以选择市价指令，但请记住，为了成交速度，您必须负担一点额外的费用。

例子：假设您想通过市价指令去购买 YYY。如果您点击了市价指令，指令会立刻成交。在我们的例子中，您就以 44.71 美元的价格买入股票。

经纪商会从您的现金账户中自动转账 4,471 美元（44.71 美元 × 100 股 = 4,471 美元）并加上 10 美元的交易佣金。如果按下确认按钮，就会收到此笔交易的确认回执，那么您现在就成为 YYY 的股东。

如果 YYY 上涨了一个点，您就获得了账面浮盈 100 美元（1 点盈利乘以 100 股）。尽管听起来很容易，但想要一直保持盈利，却是困难重重。

概括：股市就是一个拍卖所，您并不需要回应每一次询价。您不希望每次交易都讨价还价的话，市价指令能满足您的需要。然而，在一个快速波动的市场环境中，市价指令往往会成交在一个糟糕的价格。

幸运的是，我们还有另外一个选择，限价指令。

限价指令：较慢成交在一个更具竞争力的价格

限价指令通常在成交之前会花费一些时间，但相比于市价指令，它会带给您一个更具竞争力的价格。限价指令的优势在于，您自己可以决定股票买卖的价格，但也有可能没人在此价格想要与您交易，您的指令可能无法成交。限价指令会需要额外的几秒甚至几分钟才能达成交易，但不要让这些妨碍您。您现在真的做好准备了吗？

限价指令是这样运行的：YYY 正在 44.67 美元和 44.71 美元（买卖价差）之间交易，您想要买入，但同时您感觉可以花费更少。输入一个价格为 44.5 美元的限价指令。如果 YYY 跌落到 44.5 美元（不一定是今天），则指令就会以此价格成交。如果股价一直没有触到 44.5 美元，则您的这个指令将一直不会被成交。

有时，不管出于什么原因，无论您设置了多少限价，您总希望成交在更好的价格。限价指令给予了您更多的灵活性。许多投资者钟爱限价指令，因为它确保您能自己掌控交易。

限价指令通常是一个不错的选择。在我们的例子中，市场价格是44.67美元到44.71美元。如果您的报价是44.69美元，这将是目前最高的买入价。直到您的指令成交为止，否则YYY都不被允许在此价格之下交易；换言之，您的限价不会被忽略或者隐藏。一旦有股票卖家同意该价格并确认，则指令就会被立即成交。此时，您也相当于帮助了卖家，因为相比较经纪商的报价，您给了卖家更好的报价：相比于市价指令，买卖双方都节省了每股0.02美元。

这并不经常发生，但只要双方积极主动地参与股票交易，指令就很有可能成交在双方有利的价格。在下跌趋势中，如果股票有所反弹，而您为了获得更好的价格，往往会在低位报价，此时，您的指令就很难被成交。

指令有效时间：撤销前有效或者只是当天有效

如果您选择了一个限价指令，您还可以选择指令的有效时间。比如，您建立了一个44.5美元的限价指令，去购买100股YYY（即使当前的卖出价是44.71美元每股）。当设置指令时，您必须指定该指令是当天有效（当天指令），或者撤销前有效（撤销前有效指令，GTC）。

如果您能选择撤销前有效，您无须担忧每天重新输入指令的烦恼（但小心不要忘记该指令的存在）。当日指令，如果经纪商当日没有成交您的指令，则该指令会被撤销。

例子：我们输入一个限价指令去购买YYY（目前买卖价格为44.67美元/44.71美元），限价为44.7美元的当天有效指令。我们不考虑价格更低的报价，因为很想要购入该股票。

我们建完指令之后，股价很可能已经上涨到44.75美元，该指令还没有成交。几分钟之后，股价开始回落到44.70美元，并开始在此价位交易。但我们的指令依旧可能没被执行，因为其他投资者的指令可能排在我们之前（都是以44.70美元的报价）。如果有足够数量的对手盘，或者我们的指令排在前列，此时我们得以成交。恭喜您！您如愿购入了YYY股票，在44.70美元的价位。在这个例子中，通过使用限价指令，您节省了一个便士。

哪种指令更好，市价还是限价？

如果您对股市是初来乍到，也许您一定很想知道市价和限价指令哪一个对交易最为有利？尽管市价指令会执行得更快，但速度对于长线投资者并不是那么重要（尽管交易员们总想尽快成交）。对于很多投资者来说，更好的成交价格才是他们更为关注的，而限价指令就给予您这样的机会。

在我看来，限价指令也许是一个更好的选择，因为它使您对自己的交易指令有着更好的掌控。如果您想要快速购买某只股票，只需要输入一个限价指令，并以当前卖出价作为限价就可以了。

注意：只有当您急需购买股票，并且不在意成交价格的情况下，才建议您使用市价指令。

在您按下回车键之前……

即使您现在已经知道了整个下单流程，但我仍强烈建议您，先不要急着尝试交易。

首先，请继续阅读本书去学习交易策略和分析工具，这些都将帮助您成为成功的投资者。

其次，请先尝试用一些小额资金先开始交易，因为预防亏损远比追求高收益更重要。等您学习了更多股票知识，也清楚知道自己在干什么，您可以投入更多的资金进行投资。

如果您是一名股市初学者，一定避免不了犯错误。通过一小笔的资金去熟悉和练手，您会以较低的成本在实盘中学习——您可能想象不到，当您输钱时候，您可以学习到很多内容。

实际上，第一次踏进股市时，您应该做好输钱的心理准备（除非您有特别好的新手运气）。虽然我提供了不少有用的指导和宝贵的经验，但终不如您亲身实践。通过 500 美元或者是 2000 美元的实战练习（根据您自身情况来决定资金大小），您可以学习到很多宝贵的教训。

重要：无论您何时在指令界面输入信息，都请仔细确认。确保您输入的证券代码（一定要验证股票名称）、股票数量和指令类型都是正确无误。

指令递送：您的指令哪去了

在您确认并按下回车键之后，交易指令就被委托出去，开始进行递送。如果您购买的股票是在纽交所（NYSE）中上市的，指令就会被传递到交易所的特别经纪商，然后他们会电子化成交该指令，或者持有指令直到被成交为止。如果您购买的股票是纳斯达克上市的，做市商会全权处理它们。

作为投资者，您关心的只是指令是否能够在合理价位下快速成交。您的在线经纪商一般有能帮您寻找最好价格的交易软件，而最好的那些经纪商，无论在任何市场环境下都能保持高效的交易执行。

盘前和盘后交易

股市的常规交易时间是从上午 9 点半到下午 4 点，东部时间的周一到周五。通常，您会在常规交易时间中下达指令。此外，除了常规交易时间，您还可以在盘前市场中（从早上 7 点到早上 9 点半）和下午 4 点到下午 8 点交易股票。

盘后交易一般是这样运行的：主要的几个股票交易所通过电子通信网络（ECNs）继续保持开市状态。在常规交易时间中，市场每天有几十亿股的交易量，但盘后市场的交易量往往只有寥寥数千股。事实上，交易量十分稀疏，同时股票买卖价差非常大，所以我建议您尽量不要参与晚盘交易。

寥寥无几的交易量，尤其是极低的流动性，往往会引起股价的异常变动。如果您深谙盘后交易，这有一个牢不可破的交易规则：永远不要在盘后市场中输入市价指令。如果您不幸这样做了，则您的买卖价格可能极为糟糕。盘后市场充满诡异，我的建议是，请在常规时间进行投资。

注意：同时还建议尽量避免在开盘后的 15 分钟内交易，因为在那段时间，专业的交易员和机构投资者会进行大单买卖，因此会增加市场的波动。对于初学者而言，这是极为不利的市场环境（但对于老道的交易员却可能收获颇丰）。

如果您是名股市新手，请不要参与盘后交易。

现在，让我们看下卖出策略。抛售股票很容易，但是要看准时机却充满挑战。

第6章 创建卖出策略

在提交了您的第一交易指令之后,是时候考虑卖出事宜了。卖出股票是十分简单的操作,但困难的是,把握时机、卖在一个合理的价位。无论您在什么价位卖出,事后都会感觉"应该可以做得更好",如果太快地卖出一只股票,您也许会对失去很多潜在收益感到懊悔;如果卖出一个股票太晚,您的盈利头寸可能会逐渐变成亏损(这会伤害您的交易信心和自我认知)。您的目标就是寻找一个好的价格卖出股票。

管理一个股票头寸很不简单,学习如何操作是极其重要的。太多的投资者往往只会思考何时买进股票,却忽视了卖出的时机,在股票市场中经历了痛苦的损失后他们才发现,制定卖出策略与寻找买入时机同等重要。买入并永远持有不是一个卖出计划(尽管一些投资者并不认同),当然,"拍脑袋"的行为更不能作为一个计划。所以,当您买入股票的时候,请立即思考何时或者何种情景就该抛售手上的股票(如果您是一个纯粹的长线投资者,可以持股几年),这才是一个真正意义上的卖出策略。

您自己的卖出策略

首先,根据自己的个性和投资风格来制定自己的卖出策略。在买入股票之前，您应该想好买入价格。即使您计划是做短线交易，目标卖出价位也应事先明确。长线投资者通常会做出一些合理的假设，对未来走势进行预测。现在，您可能还没有一个确切的想法，这没有关系，随着经验的累积（尤其阅读完本书之后），您会慢慢学习到这些内容。

在制订计划的时候，不要被媒体观点或自己的主观情绪所动摇（它们经常是错误的）。

为什么要卖出股票

许多初学者不明白，卖出股票是投资过程中一个困难环节。止损卖出股票的时候，您便是承认了之前的判断是错误的，但是大多数投资者并不喜欢认错。事实上，在您变得老练之后，您一定会有所领悟，承认错误和接受损失是股票投资的重要一部分。对于那些纪律严明的投资者和专业交易员们来说，一旦觉得组合中的某笔投资运行不对，最好的方式便是止损离场，而不是任由损失变大。

有很多理由会让您卖出股票，比如您在某只股票上赚钱很多，与家人正在击掌相庆。如果发生这样的情况，那赶紧卖出吧，因为您可能在一个股票上投入了太多资金。

您或许会卖出盈利头寸，当它们不再表现的如同预期一样（这是需要经验来判断）；也许盈利增长开始缓慢，又或许股价突然跌破了移动平均线，您会在后面13章中学到。

对于初学者而言，最糟糕的错误是，持有亏损头寸太长。事实上，大多数人习惯过早地卖出盈利头寸，却过久持有亏损部分，一直期待着能很快回本。这是一个严重的错误。就像我整本书中一直强调的，如果您手中的股票正在不断亏损（超过5%），您最好选择卖出。请对每个手中的股票都设立一个最大损失比例，可以是7%或者8%，一旦触及该点，请立即止损。

注意：并不是每个人都认同应该卖出亏损股票。事实上，一些投资者则坚信，应该在股价下跌时买入更多（这个策略称为平均成本法，是指不断低价买入股票，以摊薄持仓成本）。如果您是长期投资者或者是共同基金的拥趸，那么平均成本法是行之有效；但如果您不断购买个股，尤其是那些疲弱的股票，这无疑是一个致命的错误。

拒绝止损，并满心期待亏损股票会发生巨大逆转，您会很容易遭遇更大的损失。何必追逐一只，您一开始就明显分析错的股票？有很多更为优质的股票供您选择。

我有两条重要的规则分享与您。无论您在本书还学到什么东西，只要记住下面两条，您就相当于获得了一笔小财富。

规则1：如果您组合中的一个股票已经亏损超过5%，请立即标注；如果亏损超过7%或者8%，立刻卖掉，然后寻找其他股票去购买。

规则2：不要购买太多股价在不断下跌的个股。

提示：您是否想知道投资股市中赚钱的秘密？不要输钱（这不是玩笑，是事实）。进一步说，不要在单笔交易中损失太多资金。如果严格遵守上面两条规则，您的损失会被控制在最低程度，相信您会在未来感谢今天所学到的一切。

建议：打印出这两条规则，并放置在您的电脑前，永远不要忘记。回顾我过往经历，当时作为初学者，我要是能严格执行规则该多好，但就像很多其他人一样，我认为自己比市场聪明——大错特错！

何时卖出一个亏损股票

如果一只股票表现疲软，并且已经让您损失了不少资金，也许是7%或者8%，请立即卖掉。为什么持有一只不断亏损的股票？它可能根本回不了本。多花些精力去寻找那些能给您盈利的股票。

另外一个关于卖出股票的重要规则是，如果持有一个盈利个股，并坚信其还有巨大价值，那么就请继续持有。绝大多数初学者做的恰恰相反，并且不断重复，他们持有着亏损的股票，并期待早日解套，却过早地卖出盈利头寸。如何操作很多时候取决于个股属性，比如，相比四平八稳的银行股，您需要给高波动的个股多一些空间和耐心。

概要：请多花些时间思考股票卖出时机，不要让情绪波动影响了您的判断。您需要建立自己的卖出规则。上述的规则应该可以帮助您开始。

管理盈利头寸

当手中持有的股票正在不断盈利，投资者们往往会犯两个错误：首先，只要股票稍有盈利，他们经常选择卖出，但往往在卖出之后，便会错过随后股价的飙升；其次，投资者们希望一直持有股票，其实此时盈利已经开始变为亏损。

事实上，对于您的投资信息和账户而言，没有什么比眼睁睁地看着盈利化为亏损更为痛苦的了。以下便是预防此种情况发生的策略。

如果您是一名长线投资者，那么无须过多担心股票价格的日内波动。虽然如此，您应该设立一个潜在卖出价格：可以是股票已经到达过的价位或者是基本面被严重高估的时候，又或者是根据技术面分析得出的结果（我会在后面介绍）。

我曾经讲过，如果一只股票价格从高点下跌5%，就必须警惕；如果股价继续上涨，那是十分有利的。如果没有，则一旦下跌到5%的时候，就可以考虑卖出，如果下跌得更多，请立刻卖出，这样就可以有效锁定您的剩余盈利。

如果您依旧坚信手上股票可以上涨得更高（同时不希望全部获利了

结),您可以卖出一半,而让您的剩余盈利部分继续运行。如果盈利部分开始下跌,则是时候进行平仓了。

提示:在第四篇,您会学习到基本面和技术面分析。使用这些工具可以帮助您确定何时卖出。举例而言,如果一家公司宣布的实际盈利低于预期(基本面分析),那便是一个强烈的卖出信号。此外,如果股价快速跌破移动平均线(技术面分析),这也是一个卖出信号。我会在后面章节更详细地介绍。

逐步卖出

您并不需要一次性全部卖出手中股票,事实上,您可以选择逐步卖出,每次10%或者20%的比例。当然,卖出比例没有明确的答案,这完全取决于您自己的偏好。

比如,当您卖出所有盈利头寸后,股价突然飙升,您一定会感觉无比难受。为了解决这个困境,您可以先卖出一半头寸,这样一来,既可以锁定一半实际盈利,而另外一部分头寸又有机会获得更多收益。如果您持有一个亏损股票,那最好的方法还是立即卖出所有股票。简言之,逐步卖出盈利头寸,立即卖出亏损股票。

坦诚地讲,上面提到的技巧都是需要经验累积的,需要不断试错,才能把握好时机。每个股票都是不同的,同时每个持股人也都有自己不同的风格。

随着您经验增加,您会找到适合自己的策略。对我而言,逐步卖出盈利头寸是行之有效的。

提示:如果您的一只股票正在盈利,并且价格不断上涨,此时您可以考虑加仓,只要您认为发行股票的公司是一个优秀的企业。这个交易理念是用来对抗人性的，同时也是与平均成本策略所对立的。通常，您希望是低买高卖，但事实上许多行业龙头股是持续上涨的，而疲软的股票却一跌再跌。因此，尝试在低位不断购买股票，有时候就像是在"接飞刀"。购买正在上涨的强势股，虽然不是适用每一个人，但往往可以增加您的盈利，因为这些股票才是您值得买入和持有的。

　　接下来，让我展示止损的方法。

第7章　学会止损

事实上，并不是每个投资者都坚信择机卖出是股市投资的重要组成部分，尤其是那些买入持有型的长期投资者，他们中最为常见的亏钱方式便是没有及时退出市场。不能有效止损，不仅会损失财富，更会磨损您的信心。

在购买股票之前，您应该先制订好一个完整的计划，其中包括下面两个价格：

1. 您的目标买入价格；
2. 您的计划卖出价格。

这个计划还应该包含第三个价格，用来止损的"紧急逃生价格"。"逃生价格"一般设定为5%或者更多，具体可以参考您的进场价格。注意：一些人会使用7%或者8%作为止损价格，但无论多少，您都必须建立自己的止损限额。在后面章节，您将会学习如何看图表，来确定何时买进或者卖股票。

账户金额随着年月不断增长是个很美妙的事情（感谢复利盈利），但请记住，股票价格不会无止境地上涨，也很难得知哪个股票最终会成功获利。因此，如果您对股票判断发生了错误，请立即思考卖出价格，哪怕它们是最好的公司，也会在熊市中下跌许多年。

投资者们应该制订书面的交易计划，尤其应该包含当交易偏离预期时的回应措施。您不能指望"见机行事",或者期待最有利的情景一直发生。不要对股市太乐观,否则您会让自己暴露在显著性风险中。

在购入股票之后,随着股价越走越高,投资者也许会感觉希望和愉悦。如果您幻想股票永久走高的话,您很可能最终颗粒无收。除非您是一个经验老到的选股高手,否则您会遭遇很多损失。为什么持有一只不断下跌的股票?是的,也许终有一天,它会反弹,与其在等待中煎熬,不如投资一只上涨的强势股。正确的答案是选择后者。

注意:如果您非要我说出一个规则,来避免您的损失,那么我一定会说:"及时止损。"在实际投资中,很多投资者会被下跌的股价"震晕",而不是立即进行止损(当损失已经达到5%或8%),他们经常满心期待股价会止跌并上涨,往往在低位购入更多股票(成本平均策略)。但事实上,很多股票的价格根本不会回升。

因此,为了在市场中生存,您必须制定一个"逃生"价格,并严格按照执行。除非有重大事件发生,否则不要轻易更改。千万不要让一个小损失愈演愈烈。当一个股票损失超过了5%,不要再期待了,收拾下心情,用剩下的资金和精力去重新挑选投资标的。

但一部分投资者却不喜欢承认错误,并继续持有亏损股票,往往最初5%或者6%的损失会逐渐扩大到10%,最终演变至30%的巨大亏损。持股几个月或者几年之后,市场虽然有可能发生大反转,但市场中永远有着更好的股票标的,请不要让这些亏损的股票一直占据着您的资金。

如何止损和保护盈利

斩仓和保护盈利是股市成功的必备。除了简单的书面交易计划,心理止损价格也同样重要。此外,您更应该设定一个"硬"的止损价格。我们开始讨论这两种方式。

心理止损

我们假设,您刚以 25 美元一股的价格买入一只股票。在您的脑海中,可以设置一个心理止损价格。比如,您对自己承诺,如果股价下跌到 23 美元每股,就止损卖出。

绝大多数的投资者缺乏严格的纪律,即使已经触及了心理价位,也不愿意卖出一只价格不断下跌的股票。当钟爱的股票在下跌,他们往往会惶惶不安,或者坚信下跌只是短暂的;又或者一些投资者不忍去斩仓,因为"股价实在太便宜了";也许他们拒绝接受任何损失。

心理止损更像是"边等边看"的态度。给予了股票一定的空间去移动,但一旦股价触及目标价位,必须严格遵守纪律去执行——很多人往往做不到这一点。

止损指令:在灾难中保护您

除了心理止损法,您还可以使用一个"硬"止损方法,来保护您的股票头寸。止损指令的目的是保护您的盈利(当您头寸赚钱时),或者减少您的损失(当头寸在亏钱时)。一旦股价触及了止损价格(或者更低),止损指令会立即被激活。指令可以是限价或者市价指令。首先让我们讨论下止损市价指令。

这是止损市价指令的运行机制:首先,您输入一个价格,无论用来减少损失或者锁定盈利。一旦目标价格被触发,便会自动创立一个主动指令。止损指令的最大优势在于,自动执行所有的卖出程序,帮助您最大程度摆脱主观情绪的影响,同时,当您无法实时盯盘时,指令也能帮到您。

这是一个止损的例子:假设您在每股 30 美元的价位购入了 XYZ 的股票。在您购买股票的同时,您创建了一个 28.5 美元(5%的损失)止损指令。这就意味着,XYZ 股价下跌到 28.5 美元或者更低的时候,一个卖出指令便会自动生成。如果这是一个市价指令,股票便会以当时买入价成交

(就像普通的市价指令一样)。股票可能会以28.5美元的价格卖出,但这无法保证。

图7-1提供了一个止损指令的屏幕:我们告诉电脑,当股价跌到28.5美元的时候,就将会卖出XYZ的股票。

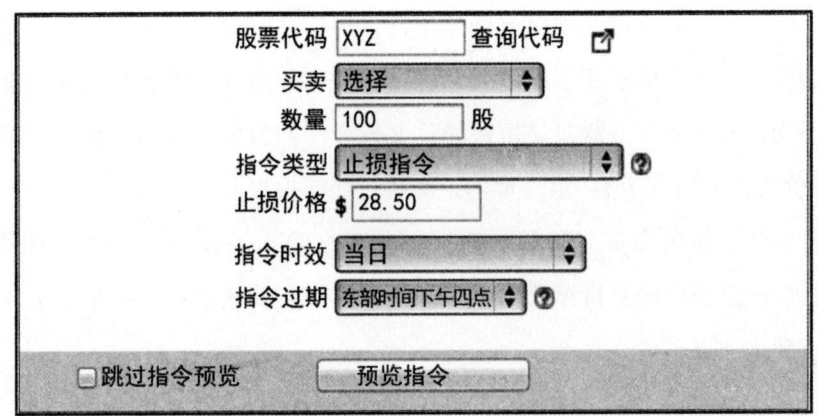

来源:富达投资。2002 FMR LLC.

图7-1 止损(市价)界面

止损指令的问题

止损指令不是完美的。首先,它能确保股票会被卖出(如果您使用止损市价指令),但并不表示股票的卖出价格是您所能接受的。事实上,止损市价指令最大的风险在于,股票的卖出价格可能会很糟糕;同时,在波动的市场中,您的止损指令会被一些意外事件所触发,导致您的股票售价远远低于预期。

这是可能发生的状况:您初始的止损价格设在每股28.5美元(延续之前XYZ的例子,目前交易价格为每股30美元)。几天之后,XYZ股价快速下跌。当XYZ股价变为每股28.5美元的时候,止损指令被触发。但由于股价下跌过快,即时成交价格是始料未及的,比如22.5美元。

在这个例子中，止损市价指令在28.5美元的位置被触发，但最终成交在22.5美元——相比最初设置的5%止损目标，您损失了25%。

在极端情况下，比如"闪电崩盘"，当市场在数分钟内狂泻几百点（类似缺口），即时成交价格可能会很低（在一个闪电崩盘的极端案例中，许多股票的当时成交市价是0.01美元，好在最终交易所取消了这些交易）。

闪电崩盘不会经常发生，不过它暴露了止损指令的缺陷。幸运的是，大多时候，止损指令都是如预期运行的，但在一个快速波动的市场中，它们就不是了。

我的建议：我个人不太喜欢使用那些自动止损，因为它们经常会成交在一些低于预期的价格。在一个快速市场中，您快速成交，但价格却不满意。我唯一会使用止损指令的时候，是在我休假或无法盯盘的时候。但在绝大多数的情况下，我会尽量避免使用自动止损指令。

停止运行

止损指令的另外一个问题是透明性。一些市场中，做市商会使用"停止运行"（现在已经是计算机算法）的机制，当股票被打压到很低价格，就会触发一系列止损盘。很多股票头寸在止损价被卖出后，股票便开始反弹了。

止损指令的最大问题就是您会失去控制，而完全交由了电脑——在剧烈波动的市场中，损失金钱的情况便难以避免。无论您是否使用止损指令，请认真的思考这个问题。

止损限价指令

在许多情况中，止损限价指令会比止损市价指令更好。我们看下其是如何运行的：相比之前您只需要输入一个止损数字，在止损限价指令中，您需要输入两个数字，第一个数字触发止损，第二数字则代表了您愿意卖出股票的具体止损限价。

比如，如果您持有一只50美元的股票，您可以在止损限价指令中输入47.5美元，作为止损触发价格，再输入47美元，作为止损限价。一旦股价跌落到47.5美元，指令触发，卖出指令将会成交在47美元或者之上，相当于您告诉了经纪商的电脑，所能接受的最低成交价格。

另外一个例子，如果您有一只30美元的股票，可以在止损限价指令中输入27.9美元（7%的止损），同时作为止损触发价格和卖出限价（您可以输入相同的两个数字）。一旦股价回落到27.9美元，指令被触发。如果股票在27.9美元或以上有接盘的话，指令会被立即成交。如果股价不断下跌，并再也没有机会重新回到27.9美元，则您的指令不会被成交。

止损限价指令的问题一如既往，面对快速波动的市场环境，指令往往难以成交。这是一种潜在风险，也是为什么建议设置限价低于触发价格几分钱。另一方面，如果市场快速下跌，但随后回弹，您会感谢使用了止损限价指令，而不是止损市价指令。如果您真的想立即卖出手中股票，止损限价指令并不是您想要寻找的有效工具。

在我看来，止损限价指令比止损指令更好用，但还不是最理想的那个。

追踪止损

追踪止损指令是输入一定数量的价格或涨跌幅度，指令会在股价上升后自动执行，来锁定盈利或者进行止损，似乎是一个完美解决方案。

当一只股票回撤一定价位后，指令触发，在可能的情况下，指令被成交。举例来说，如果一只股票上升到每股50美元，不同于手动止盈，您可以输入5%作为指令触发条件，即当股价从高点下落5%的时候，指令就会被自动执行。追踪止损指令的好处在于，如果股价不断上升，指令会逐笔跟踪。即使股票创出新高后，指令可能依旧不会被触发，直到股价回撤超过 5%。

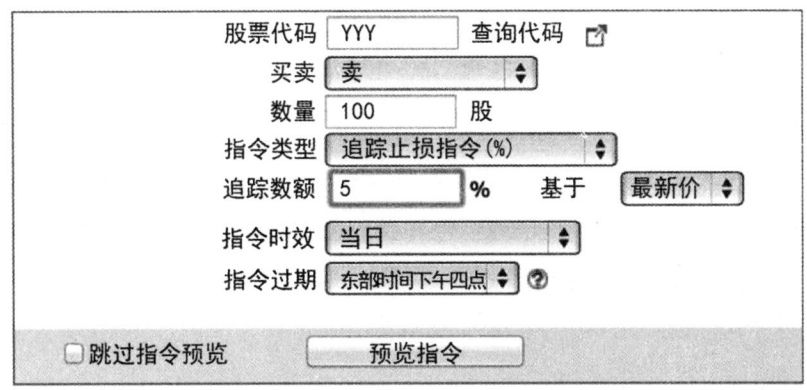

来源：富达投资。2002 FMR LLC.

图 7-2　追踪止损指令界面

追踪止损的缺陷在于，在一个快速市场中，指令会被一个短暂的回调而触发。但在这种情况下，您依旧可以获得盈利。

注意：您可以建立一个追踪止损限价指令，给予您对指令更大的控制。追中止损市价指令能保证您立即离开股市，追踪限价指令则不能保证所有指令的成交。

两全其美：使用价格预警

传奇共同基金经理彼得·林奇曾经告诉我们，止损就像割肉，我表示赞同。所有的亏损都会不断累加，以下是解决办法。

不同于使用自动止损方法，您还可以对于股票设置价格预警。比如，如果您在 20 美元的价位买入 YYY 的股票，您就可以设置价格预警为 19 美元（5%的浮亏），或者 25 美元（5%的浮盈）。

如果股价跌落到 19 美元，您电脑将会发出声响进行提示，或者也许您会收到一封电子邮件和短信。接着，您可以打开您的移动设备或者电脑，来谋划下一步的决策。根据当时市场情况，您可能立即卖出手中的股票。如果股价上升到 25 美元，您可以卖出或者设置一个新的预警价格。

价格预警的主要目的是，您可以有效控制卖出指令。技术发展已经使得价格预警变得十分可行和高效；由于移动设备的普及，一旦价格被触及，您会被立即提醒，做出相应的反应。

注意：如果您不能时刻交易（比如在一个重要会议中），止损指令就是您的好帮手。此外，如果您不能严格遵守交易纪律，或者经常忽视价格预警，自动的止损指令是更好的备选方案。

如何卖出您的股票

现在，您已经知道卖出的时机，我们要开始讨论如何卖出。回到之前的例子，假设买入 100 股 YYY 的股票，现在股价上升了两个点，因为拥有 100 股，我们现在已经盈利 200 美元。

这个盈利是真实的，但在我们卖出股票之前，它们只是记为未实现利润。这是一个常见的投资错觉，在您卖出股票之后，才变为真正实际盈利。

卖出股票的过程是十分简单的，只要轻敲几个按钮，见图 7-3。

注意：在您卖出一只股票之后，您有 3 天的清算日，表示 3 天之后资金才能悉数到账；然而，您却不用等上 3 天，就能立即买入另外一只股票或其他有价证券。

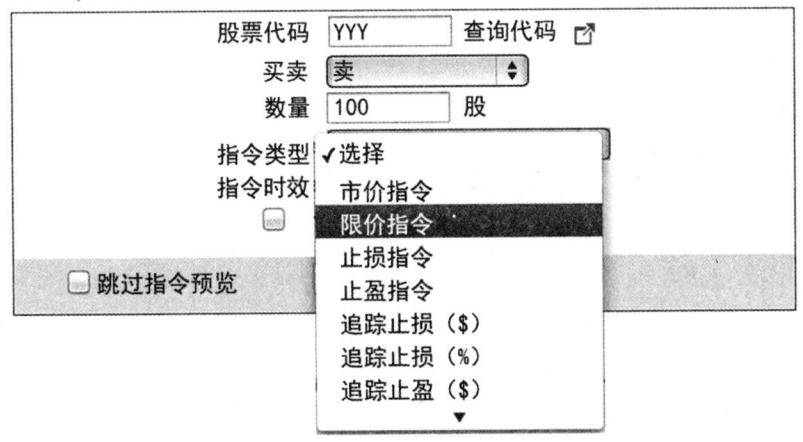

来源：富达投资。2002 FMR LLC.

图 7-3 卖出指令界面

现在，您已经学习了如何进入或退出一个股票，是时候学习如何赚钱了。想要成为一名赚钱的投资者或交易员，您必须明确自己的交易策略。在第三篇中，我会介绍一些成功的赚钱策略，但是并没有一个策略，能在所有的市场环境中运行完美，这也是要学习不同类型的策略而不是单单一种的原因。您可以根据自身的风险承受力和投资偏好，来选择最适合自己的交易策略（也包括现在的市场环境）。

长期资本公司崛起和陨落

投资者们可以从长期资本公司的崛起和陨落中学习到很多。公司专注于投资期权和其他衍生品。公司的骨干能力超群、成功且极度聪明，均是行业中的最为知名的学者和交易员。

基金崛起

1994 年，所罗门兄弟公司前副主席和债券交易部主管约翰·梅里韦瑟，建立了对冲基金长期资本公司（LTCM）。公司的成员均是世界金融精英，包括诺贝尔经济学奖得主和前美联储副主席。长期资本公司的起始管理规模就超过了 10 亿美元。

随后，一些大型的投行和其他一些经验丰富的投资者纷纷慕名而来，投资金额超过13亿美元（最小投资额是1千万美元）。媒体渲染长期资本公司是"注定成功的"，但最终事与愿违，一些不寻常的规则引人思考。比如，长期资本公司是一家对冲基金，在许多投资运营方面保留了"神秘性"，头三年的业绩虽然杰出，但并没有达到惊艳的地步。

最初，长期资本公司创造了复杂的数学模型，利用美国、日本和欧洲之间政府债的价差进行套利，还专门针对一些并购事件采用"中性策略"。随着交易头寸的增加，长期资本公司配置了许多杠杆头寸在指数期权和一些股票期权上。1998年初，公司借入了1250亿美元，约为50亿份权益——无论在任何模型测量下，这都是一个高得离谱的杠杆规模。

陨落

1998年，随着收益率下降，长期资本公司开始崩溃。这一切源于俄罗斯政府对卢布的突然贬值。不久以后，全球投资者开始抛售日本和欧洲债券，买入美国国债。对于长期资本公司的电脑模型，这是一个始料未及的事件：不仅公司账面利润大幅减记，面对基金巨额赎回，更是创造了流动性危机。

到1998年8月，随着事件的恶化，长期资本公司的损失已经超过了18.5亿美元。至此，公司大股东们纷纷选择退出。随着谣言四起，机构投资者们也开始要求套现，创造了新一轮的恐慌。一旦投资者们变得紧张，便造就了抛售的恶性循环。

由于手中的资金不断减少，管理层被迫低位清仓，以满足保证金的要求。愈来愈多的清仓，也导致越来越糟糕的平仓价格，损失不断加剧。

最终，前美联储主席艾伦·格林斯潘，宣布了一个数十亿美元的救助计划。当长期资本公司最后一个账户被清除时，最后损失金额定格在了46亿美元，为时4个月。许多银行因此减记数百万美元，不少高管纷纷引咎辞职。

长期资本公司做错了什么

在长期资本公司倒闭之后，金融专家们能够更仔细地看清这群投资梦之队所犯下的错误，批评者指出，公司没有完全考虑潜在的风险。

尽管公司拥有最为先进的计算机程序和公式，但面对一些小概率事件，比如卢布贬值，依旧显得束手无策。此外，当投资者要求撤回资金时，过高的风险头寸导致了公司资金不足。

极具讽刺意味的是，根据公司计算模型的预测，长期资本公司认为他们的头寸是低风险的——他们的核心成员非常聪明，但都没有真正意识到高杠杆的风险。

如果您想要了解更多关于长期资本公司的兴衰历程，推荐您阅读由罗杰·来温斯坦撰写的《营救华尔街》一书，书中详细描写了整个事件的来龙去脉；同时，如果股票或者期权向对您不利的方向运转，也建议您提前做好准备。

第三篇

赚钱的策略

第8章 缓慢的赚钱策略：
使用股票、共同基金、指数基金和交易所基金的投资策略

在往股市投入真金白银之前，您应该寻找一个适合自身交易风格的策略。策略是一个买卖股票的计划，对于投资者而言，它是持续盈利的不可或缺的一部分。如果没有策略或者计划，您可能在各种想法中摇摆，无所适从，这就好比，如果您不事先准备一个旅行计划，根本无法到达目的地。

您不能指望运气或者小道消息在股市中赚钱。如果您是一名股市新手，在确定策略之前，最好保持兼听则明的态度。假如您突然发现一个行之有效的策略，也请花些时间去多学习和了解书中的其他交易策略。希望您付出的一切，会给您的组合大幅增值。

您没有被限制只能使用一种策略。事实上，一些专业投资者和交易员们使用多种多样的交易策略，也有人会只选用最适当的一个。这就好比，一些投资者期待一天内到达终点站而开车风驰电掣（高风险），其他人则计划一周或者更长时间，则在限速内安全驾驶（低风险承受）。

无论您最终选择哪种策略，以下一些事情请牢记：

1. 策略的好坏，依赖于人们的使用情况；换言之，无论多么智能的交易策略，您也必须严格执行，否则依旧会损失金钱。

2. 并不是所有的策略都适用于任何的市场环境。

3. 不要盲从策略而忽略不断亏损的事实——盈利是检验策略的唯一标准。

您必须围绕自身的性格和风险偏好来寻找适合自己的交易策略。股市中不存在魔法秘籍。随着您深入学习和研究，您会发现很多策略的理念和您接收到的建议是相矛盾的。华尔街唯一通用的方法是，不停地试错。

现在就让我们开始学习各种策略。

买入并持有：投资者最普遍的策略

买入并持有策略背后的交易理念是，看好公司的基本面情况并长期持有，最终可能会获得令人满意的投资回报。该策略的优势在于，您仅需购买一只股票，并关注其股价变动，而不用关注整个市场波动。该策略的关键是，上市公司是估值合理的，而不是被高估。

如果投资者在早期购入 IBM 和微软这样的股票，持有至今，必然已经获得巨额收益。买入并持有策略的另一个好处，是您不用支付过多的交易佣金（因为您不会频繁地买卖）。买入并持有是最简单的投资策略，尤其在牛市中，效果显著。

沃伦·巴菲特可以算得上是买入持有策略中最著名的拥护者之一，他甚少购买科技类公司的股票，而热衷于那些更贴近生活的行业如保险公司和银行的股票，他用自己独特的选股技巧，去购买那些价格低估的股票，同时，他也只购买他能理解的那类企业的股票。

许多伟大的投资大师，如巴菲特和彼得·林奇，都喜爱使用这个交易策略，但想像大师那样挑选到最优秀的公司，却很不简单。对于初学者而言，主要的工作就是找到几只好于市场平均的股票，并知道何时该放手。

事实上，大多初学者都还不具备挑选股票的能力，或者缺乏长期持有的耐心。当股市由牛转熊，您的持仓价值也开始不断下跌，买入和持有策略就会变得难以跟从。如果您此时还没有想清楚持股的理由，则很有可能会亏得一干二净。此外，许多人没有意识到，他们必须时刻重估手中的股票——记住，这个策略是买入并持有，而不是买入忘记。

比如，许多人经历了20世纪90年代的繁荣与危机，但却没有意识到科技股价格当时依旧过高。许多投资者在互联网泡沫危机之后，继续持有头寸，最后损失惨重。买入持有策略在一些特定环境中效果显著，但它不是一个保证赚钱的投资方法。

相比于传统的买入持有策略，它的一个衍生策略是，买入并持有到股票基本面或者技术面发生变化。当您决定抛售手中的股票，是因为市场、经济或者股价正在改变。您需要重点关注公司的经营状况和业务模式，尽可能以合理价格持有股票，这才是策略的真谛，但这也要求您做更多的功课与研究，所以该策略应称为"买入和有正当理由的持有"，而绝不是买入和幻想。

注意：在第14章中，您会学习到判断市场由牛转熊的分析工具。

逢低吸纳：买入持有的衍生

逢低吸纳是另外一个广为流行的交易策略，它指的是，当一只您持有的股票（或想要购买的）价格正在下跌，但您坚信其基本面良好，下跌只是短暂一时，便会选择购买（或者购买更多）。策略的理念是，因为市场长时间是趋于上升的（通常在过去得到验证），您在低价购入的股票最终会变得更有价值。

但逢低吸纳的问题是，有时候股价会下跌两次或者三次，甚至永不反弹。在过去，数以百万的人们倾毕生积蓄，投资那些看似低价的股票，但它们依旧被严重高估。许多金融股票触及历史低位后，继续下跌，使新买家不断涌入。在最糟糕的情景中，一些股票直接狂泻。

当您在逢低吸纳的时候，您往往是在冒险，您本希望是买进一只价格正在打折的优质股票，但很可能购入的是垃圾股。

从长期来看，逢低吸纳是行之有效的交易策略。首先，如果一些优质的股票只是跟随着市场短暂下跌，您可以廉价买入这些股票。但您可能买入太早，因为股价还在继续下跌。如果您的目标是短线抄底，而行业龙头股票突然下跌仅仅是因为整个市场正在走低，一旦股票反弹，您便能够迅速赚到一笔钱，前提是您能把握时机逢低买入。这些策略要求有很丰富的经验，只对特定的交易员才适用。

抄底：在冷门股中寻找便宜货

如果您是一名抄底投资者，通常会寻找那些价格十分低廉并且已经跌无可跌的股票。发现这些宝石之一，且股价最终如预想般反弹，就可以大赚一笔。许多这种股票在早期是缺乏关注的。这个策略需要足够的耐心，不适合短线交易。

抄底的危险在于，您永远无法提前预知真正的底部所在。比如，一只高价股从100美元的高位下跌到15美元，许多人会认为足够便宜，已经没有多少下跌空间，买入许多（也许拥有相同想法的投资者已经在50美元、40美元和30美元价位先后购入了）。

在这个时候，这个股票就像处于"死亡漩涡"中，跳水的股价往往预示着公司暗藏玄机，或许您在事后才能知晓。

多年后，您热衷的股票才能价格回升，在此期间，您需要有着极强的自信心。大多股票一般会在底部区域待上很长一段时间。我曾经与那些专业的抄底投资者有过交流。在挖出那些心仪的但却被别人忽视的股票之前，他们愿意等待两三年。成功的投资者能够挑选出可能从底部反弹的股

第 8 章　缓慢的赚钱策略：使用股票、共同基金、指数基金和交易所基金的投资策略

票，但大多数人做不到。这绝不容易操作，因此，它不适合那些内心软弱的投资者。

成本平均策略：系统的方式去购入股票

相比传统无序的购买股票方式，使用成本平均策略会使您的交易更固定和系统化。您可以定期投入一些资金，也许是每个月 100 美元。当您不断购入更多的股票，您的股票均价在不断降低。

我们假设，在股价是每股 20 美元的时候，您投资 250 美元 YYY 的股票。下个月，YYY 下跌到 18 美元，您再投资 250 美元（假设您在下跌 10% 之后继续投资）。只要市场能够回升，平均成本策略将会是一个盈利的策略，但问题是一些股票持续下跌，那是因为公司的未来展望和业务模式存在问题——在每项投资之前要重估公司，原因正是如此。

注意：在后面章节您会认识到，使用平均成本对于投资指数基金和共同基金是一个很有用的策略。

另外一个类似于成本平均法的是成本降低策略，在该策略中，投资者不再是每个阶段投资等数量的资金，而是会在低价位购买更多数量的股票。平均成本策略中，您有购买计划。在成本降低策略中，您在有需要的时候购入更多股票。

历史数据告诉我们，如果采取平均成本法投资于单一股票，无法保证获利。如果您遵从我的建议，在损失 7% 或者 8% 后选择退出，尽量避免这些策略。这是基于我过去多年的经验，在市场不断试错。

注意：逢低吸纳、底部抄底和成本平摊策略最为共同的问题在于，您很难知道股票的真正底部所在。经常，一些弱势股票会持续走低，或者在底部维持多年。能考虑这些策略的唯一一种情况就是，购买那些质量好的股票，股价只是一时打折。

价值投资：廉价购入高质量股票

价值投资者主要使用基本面分析（在第 11 章中将会详细介绍），去挑选那些正处于低价的高品质股票，换言之，价值投资者寻找那些正在打折的股票。

经常，价值投资者会购买一些其他投资者不感兴趣的股票，这些公司（比如保险公司和银行）通常是低市盈率（P/E，会在第 12 章中解释），意味着盈利增长缓慢。价值投资者基本都是长期投资者，愿意守候股票多年，以等待盈利。

在平稳和高增长的市场环境中，价值投资往往获利颇丰，但在熊市中，许多价值股也会跟随着大盘一起下跌。如果是真正的价值股，下跌幅度和速度会小于市场平均水平。

许多个人投资者没有太多时间去分析一个公司的基本面。如果您没有太多时间和动力去寻找那些高质量的股票，可以选择购买投资于价值型共同基金。也许您将失去一些自己做投资决定的乐趣，但是获得了赚钱的乐趣。

成长型投资：在任何价位买入成长性公司

与价值型投资形成对应的，是成长型投资。成长型投资者也使用基本面分析去寻找标的股票——它们的盈利增长远快于经济增长，或者同行业的竞争对手。成长型投资者一般要求公司在未来三年或四年，年化盈利增长速度至少保持在 15% 或 20% 以上。成长型股票基本很少派付股息，因为公司需要更多的资金去扩张业务。

成长型投资在牛市中业绩斩获最多，因为公司股价不断上升，并且市盈率持续扩升。有些时候，根据不同股票的增长情况，成长型投资者可以获得100%甚至更多的收益。通常，成长型投资者喜爱购买科技行业股票，预期它们的盈利加速增长。

然而，一切繁荣终究会谢幕。最终，公司规模变得过于庞大，无法维持每年15%或者更高的增长速度。随着增长开始缓慢，股价也无法像过去那样辉煌。这是决定的时刻，投资者们应该卖出股票，然后去找寻其他投资机会。

尽管成长型投资回报惊人，但这不是每天上演。即使是像谷歌、苹果公司这类的科技巨头，股价也偶有下跌。成长型投资是令人兴奋的策略，但它需要卓越的技巧去分辨，哪些股票值得购买。

注意：如果您对成长型投资感兴趣，您也可以购买投资于股票成长型共同基金。

动量投资：买高卖高

动量投资策略是成长型投资的一个衍生分支。通常，该策略锁定的股票都是价格已经创过新高的，投资者期待动量将会继续推高股价，这与公司的基本面或公司行业前景是毫无关联的，而仅仅与股价相关。动量投资者会一直手持股票，只要动量势头维持有效。基本上，动量投资者买高卖高。

在牛市中，动量投资充满魅力，使人陶醉（几乎所有的交易策略都在牛市中表现良好）。然而，并不是所有人都是动量投资的信徒。一些批评者称其为"伟大的愚蠢理论"，无论多高的价格，都会有傻瓜愿意在更高的价位接盘。一般，只有短线交易员才会使用这个策略，他们只有动量存在的时候，才会买入持有股票。

动量投资在执行和盈利方面十分困难。尽管可能在市场上升的时候捕捉到一些股票，但实施起来绝不像看起来那么简单。策略的使用需要高超的技巧和严格的纪律（也许直到下个牛市，您才学会使用这个动量策略，所以如果只是初学者，您也许想直接跳过）。

共同基金：一个方便的途径购入股票、债券或大宗商品

  对于许多投资者而言，共同基金是一个理想的投资标的。除了在股市中直接投资外，您还可以通过购买共同基金来参与其中。基金公司从投资者手中募集资金，然后投资各式各样的金融工具，比如股票、债券、固定收益，或者另类衍生品，比如大宗商品期货。在某种程度上，投资于共同资金，就像是为自己聘请了一名专业资金管理人，您把买卖股票的决定权丢给了专业的基金经理（尽管共同基金会收取您管理费或者销售佣金）。基金经理从数千名基金投资者处募集来资金，并使用这些资金来购买股票（或者债券，或者任何基金允许投资的资产）。

  市场上有着丰富多样的策略型基金或者主题行业基金。比如，共同基金可以投资股票（称为股票型基金）、可以投资于科技行业（称为行业基金）、可以投资于债券（称为债券型基金），又或者投资于国际市场股票（称为国际基金），或投资于黄金（大宗商品）。无论您对何种投资标的感兴趣，总有一只基金能够满足您的需求。

  对于那些没有太多时间，或者缺乏足够金融知识去研究个股的人们，共同基金是他们的投资解决方案。如果您想要投资于成长型，或者价值型股票，却没有能力亲自研究和分析，您可以选择投资成长型，或者价值型共同基金。

  许多人通过401（K）养老金计划或者个人养老金账户投资共同基金，我们会在后面的章节具体讨论。您也可以通过您的经纪商来购买共同基金。市场上的共同基金就如同股票那样繁多。

第8章　缓慢的赚钱策略：使用股票、共同基金、指数基金和交易所基金的投资策略

共同基金的费率一般在0.25%—8%之间，投资门槛很低，投资几百美元，您就可以购入一小份一篮子股票，帮助您建立投资分散化。

经纪商有着一长串的共同基金名单，包含着各种各样的投资风格和交易策略，供您选择。事实上，挑选一只共同基金如同挑选股票那样耗费时间和精力。

建议：尽量避免那些收取高管理费和销售佣金的共同基金，因为它们增加了您的额外费用，使您更难以击败股票指数。如果您愿意，您可以通过书写支票或者采用定投自动转账的方式，直接投资于共同基金。

为什么人们选择共同基金

人们选择共同基金的最主要原因，是追求投资分散化，降低投资组合的波动性：共同基金投资于一篮子股票，相比于投资于单一股票，风险要小得多。

比如，我们假设您购入了雷曼兄弟的股票，这是美国最为成功和知名的投资银行之一，但在次贷危机时，雷曼兄弟无奈破产，股价也随之一泻千里。如果您当时持有其股票，则您至少损失80%或者90%的本金。另一方面，如果您持有的是共同基金，而基金中只包含了一部分雷曼兄弟股票，您的损失可能不会超过3%，因为基金中还有其他投资。这就是投资分散化的力量，也是人们喜爱共同基金的理由。

一些投资者想要获得更多的盈利，那还是让他们直接去股票市场：如果您持有的基金中所含的一只股票在一天内上涨了20%，您当天的获利可能只有1%或2%；但如果您是直接持有这只股票的话，则可以获得全部20%的盈利。

如果您还没有投资股市的经验，您可以考虑先从投资共同基金开始。共同基金主要有两种类型：收佣基金和免佣基金。您最好选择免佣基金，

因为它更便宜——不需要支付额外的销售费用和一些隐藏费用。

建议：如果您打算投资共同资金，请选择免佣基金。

共同基金的问题

当然，共同基金并不是完美的。共同基金旨在提供一个分散化的投资组合和超越市场平均水平的收益，无论在什么时候，它们并不是用来赚取超额收益的。因此，大多数的共同基金在牛市中表现很好，但在熊市则表现糟糕。

每年大部分的基金经理不能够击败或者跑赢市场指数，因此，在购买共同基金之前，请仔细看清基金的花费和额外费用。一些共同基金每年收取小于1%的管理费，然而，一些定制化的基金销售费用可能高达8%。如此高昂的费用，大大增加了共同基金跑赢市场的难度。

通常，大多数投资者购买共同基金是打算长期持有的，如果您卖出太过迅速（小于30天），许多共同基金就会给予惩罚：如果您在购买之后30天内就卖出基金，许多共同基金会收取赎回费。

注意：您可以在许多著名财经报刊或者网站上浏览关于共同基金的文章，您还可以通过搜索引擎来，查看共同基金的评级——输入"共同基金评级排名"，时间选择当年度。市场中有大大小小、成千上万家基金公司，其中一些最具声望，且有免佣基金的，如富达基金、先锋基金、太平洋投资管理公司、普信资产、道奇·考克斯等。晨星公司网站是查找共同基金信息的优秀资源，它提供了每个基金的详细信息、评级和该基金的投资目标。如果您想要了解更多关于共同基金，晨星网站是您的首选。

资产净值

资产净值十分类似于股票价格，除了它每天只计算一次，它代表每一

第 8 章　缓慢的赚钱策略：使用股票、共同基金、指数基金和交易所基金的投资策略

份共同基金的价值。您可以在经纪商的软件上、网上或者晨星公司网站上找到基金资产净值。

计算共同基金的买入成本十分简单。比如，如果您想购买 100 股某只共同基金，资产净值为 10 美元，它将花费您 1000 美元。不同于股票投资，大多数人会购买一定数量的美元，而不是购买一定数量的份额。

您可以在线查看共同基金在不同时期下的业绩表现，从昨天到 10 年之前，业绩记录是公开展示的。但请牢记，一只过往业绩闪耀的基金，并不能保证在未来也是如此。如果您不满基金的业绩表现，您可以轻易换成另外一只（但您必须持有足够长的时间来避免赎回费）。

指数：如果您不能击败它们，那么就加入它们

共同基金经理们坚信他们能够跑赢市场，能够击败市场指数。这些基金经理们积极改善业绩表现，我们称他们为主动型管理人。

指数基金运行有所不同：它们从投资者手中募集来资金，但不同于共同基金，指数基金没有主动型基金管理人，它们只是买入那些指数成份股；换言之，指数基金不是击败市场，而是复制市场。

比如，您可以购买一些指数基金，来跟踪道琼斯 30 指数、标普 500 指数、纳斯达克综合指数、罗素 2000 指数、威尔谢尔 500 指数，或者更多不同类型的指数。这些交易理念是，如果您不能击败指数，不妨直接投资于它们，以减少相应的基金管理费。因此，如果道琼斯指数在一个好年头中上涨 10%，您也会在指数基金中获益 10%。

指数基金相比共同基金更便宜，因为您不需要支付额外的管理费用给管理人，也没有额外的销售费用，且管理费用更为低廉（通常低于 0.05%）。由于这些原因，指数基金已经广受欢迎。超过 80% 的组合经理人们不能击败指数，这也使指数基金成为不错的投资方案。

因为指数基金用来复制市场,它们在牛市中表现良好,在熊市则运行糟糕,低廉的费用吸引着无数的投资者。如果您不打算花时间和精力去调研股票或共同基金,指数基金也许就是您理想的投资工具,它也是长期投资者的合适选择。

提示:前面介绍的成本平均投资策略,用于购买个股时是会面临风险,但长期投资共同基金或者指数基金,则会取得非常好的效果。

通过401(k)和个人退休金账户投资共同基金或者指数基金

投资于共同基金和指数基金最简单的方法之一,莫过于通过401(k),由公司提供的一个自愿递延所得税储蓄计划。广为流行的401(k),是人们热衷参与股市的重要原因。计划的最大优势在于,在您59岁之后,您不需要为您的投资或者盈利支付相关税金。

如果您在退休之前离开公司,您可以把401(k)计划转换成个人退休金账户(IRA),另外一种递延所得税储蓄计划。个人退休金账户(IRA)的规则十分复杂,并且经常发生变化,所以,在您打算参与或者变更计划之前,请询问专业税务师的意见。

概括:如果您有机会参与401(k)或者个人退休金计划,许多公司会衡量您做出的贡献(有具体的上限),递延的税收会有很多的投资选择(通常是共同基金和指数基金,但是一些计划中也会购买个股)。阅读本书的一个理由,就是帮助您理解股票市场,以便帮助您做除更好的投资选择。

投资交易所交易基金:一个聪明的方式活跃您的组合

交易所交易基金(ETFs)已经蓬勃发展多年。ETF类似于共同基金,

第8章 缓慢的赚钱策略：使用股票、共同基金、指数基金和交易所基金的投资策略

但交易起来更像是股票，也就是说，它可以当天买卖进行日内交易（不同于共同基金，不能进行日间交易）。ETFs包含了跟踪特定指数或者特定行业的一篮子证券，通过您的经纪公司来进行买卖。如果您认为ETF听起来就像共同基金一样，您是对的，主要的区别在于ETFs通常没有主动型基金经理，这也是ETF的管理费用更为便宜的原因。

市场中有成千上万只ETFS，并每年都会成立新的基金。最受欢迎的ETFs是那些跟踪主要指数的基金，类似于道琼斯公司指数（DIA）、纳斯达克-100（QQQ）、标普500（SPY）和罗素2000（IWM）。

就像共同基金，您也可以找到一些跟踪行业的ETFs，比如半导体、石油服务、生物技术、零售和医药行业主题ETFs。

您也可以购买固定收益类ETFs，主要包含债券和国债，还有特定国家的国际型ETFs，比如日本指数基金或者巴西指数基金。购买ETFs的好处在于，如果您看好某个特定行业，您并不需要购买多只股票来复制行业指数；换言之，仅仅购买改行业ETF，就可以覆盖整个行业。

ETFs的另外一个优点在于充满流动性，这意味着您能从容进退。此外，ETFs包含了一篮子股票，也提供了分散化投资。毕竟，通过多个股票来复制和追踪行业指数，是高成本和低效率的。

您也可以创建一篮子ETFs，来匹配各种交易策略，从短线的到长期的。就像股票一样，ETFs可以在交易所买卖，同时，ETFs又如同共同基金一样，包含了一篮子股票，以满足投资者的需求。

与大多数共同基金相似，如果您的持有期少于30天，ETFs同样会产生额外费用。另一方面，您可以买入，持有，或者交易ETFs，就如同股票一般。它们可以简单买卖、提供投资分散化、并且费用低于绝大多数的共同基金。

ETF的不足

交易ETF的缺陷，也与交易股票类似。您需要支付买卖的佣金。此

外，市场有太多的 ETFs 基金类型，您必须小心挑选，一旦选择错误或者管理风险不当，就很有可能会损失金钱。

帮助：选择那些成交量大和流通性好的 ETFs，因为当您想要出售的时候，则可以立即退出。

警告：不要购买杠杆 ETFs

尽管市场上有许多不同类型的 ETFs，但您需要避免一种类型——杠杆 ETF，它往往承诺给予您两倍甚至三倍的标的指数收益，但事实上，它只适合那些专业的日内交易员。

杠杆基金每天都会给您的组合带来大幅波动，因此很难给予预期收益。大多数杠杆 ETFs 基金是高风险的。从长线来看，交易杠杆基金，您一定会蒙受损失。我强烈建议您离杠杆基金远一点，除非您是短线交易者。

在下一个章，您会学习到短线交易策略，即使您现在还没有交易股票或者 ETFs 的兴趣，这些策略也值得您花时间学习，因为，您不知道在未来的什么时候就需要使用它们。

第9章　想要快速赢利？短线交易策略

如果想快速利用股票价格波动，您将对短期交易策略感兴趣。这些利用股价波动和市场条件的策略，是激进的交易者试图迅速赚钱的普遍做法。交易员主要使用技术分析，来寻找有利可图的交易机会。尽管有些交易员也要在买进或卖出股票之前，参考某些基本面数据，如收入（在第四篇中，您将学习如何使用一些技术工具来分析股票）。

注意：即使您是一位普通投资者，学习短线交易策略也是有用的——您了解策略越多，就越有可能凭借更多的优势超过其他投资者。在一定的市场条件下，短线策略是有效的。

日内交易：秒杀股票买卖

不同于那些持股几年才卖出的普通投资者，日内短线交易员在几秒、几分或几小时之内买卖股票或交易所交易基金 ETFs。短线交易员使用技术分析，来试图预测一只股票是否已经到了一个非常短期的底部（或顶部），他们想要进行金额小、次数多的日内交易。日内交易者经常使用定制的交易软件买卖股票或交易所交易基金，每天完成现金结算。

日内交易（或盘中交易）在 20 世纪 90 年代末非常流行，成千上万的人辞掉他们的全职工作而投入日内交易，随着股市上涨，似乎人人都赚钱。然而，当熊市突然降临，这一切戛然而止，大多数日内交易者的账户一贫如洗。美国证券交易委员会为此修改了交易规则。

现在的交易者，如果在5个工作日内盘中交易超过4天，就必须有一个最低25000美元的保证金账户。举个例子，如果您周一买入某制造公司股票，并在当天收盘前卖出，这就被认定为日内交易。如果您周二买进周三卖出，那就不能算日内交易。由于这个规则的改变，较小的投资者就不能再采用短线交易策略。

这也是一个颇具挑战性的战略：即使拥有最好的设备和交易软件，也只有一小部分人能持续进行日内交易并赚钱。一个成功的交易员需要大量的专业知识，虽然短线交易可以赚钱，但这是一种极其困难的谋生方式。

虽然日内交易并不适合所有人，它通常只是市场上下波动的特定条件下的一种交易策略，但在上下波动期间，懂得如何进行日内交易您就会很开心。只要一周五天期限内（账户低于25000美元时）盘中交易不超过四天，您就可以采用短线策略。

注意：如果您想学习日内交易策略，可以阅读我的书《现在开始日内交易》。除日内交易外，我将讨论其他的短期交易策略，即不同于日内交易的持股几天或一周。另一个策略是要找到一只适合交易的股票。

其他短线策略

除了日内交易外，还有其他的短线策略讨论如下。

波段交易

当您买入股票并几天后卖出，您就是在做波段交易。这种想法是当股票价格达到预定目标时，将其卖出。在特定的市场条件下，这一策略可以很成功。基本上，您在技术支撑位置买入，然后盈利目标点位卖出。

个人说明：在牛市期间，我曾用波段交易策略来操作那些强势的、在行业中领先的股票，如生物医学或科技股。我会在一周内买入，然后趁着一次强劲反弹后在一两天内卖出。如果没有反弹，且周末如无继续持股的理由，我就会卖出。

通常，我只交易一只股票（只有一只股票最强势），就学到了股票所有的个性特征（即股价每天的高低点位）。有时候，我买入长期持有的股票（用我的核心账户），并利用波段交易购买另外的股票份额（用我的短期账户）。借助隐藏在我身后的牛市的力量，这一策略经常奏效。

仓位交易

对于长期交易者，有一种策略称为仓位交易。您买入股票并持有几周或几个月。这是在牛市中运作的另一种良好策略。与买入并持有的投资者不同，仓位交易者不会无限期持有，当利润目标达到时，他们就会平仓出局。

注：再次提示，仓位交易在一定的市场条件下可以运作得非常好。仓位交易的交易理念不是买入后永远持有，而是在市场趋势结束时卖出，或当您赚取到预期的利润时卖出。如果采用这一策略，您要选择最强行业中最强的股票（熊市中也有可供采用的短线策略，我将在本章稍后再讨论）。

虽然"买入并持有"这种投资方式只需较少的决策和较低的工作，但波段交易和仓位交易可以回报明显。另一方面，短线交易策略操作更困难，因为您必须研究市场，学习如何使用技术分析方法和控制自己的情绪。由于这些原因，许多人难以采用短线策略。

趋势交易

通常情况下，交易员们都想跟随牛市行情而买入股票。实际上市场存在三种趋势：上涨趋势、下跌趋势和横盘震荡。因此，如果一只股票上涨，它就处于一个上涨趋势中。当趋势结束时，就打算要卖出。确定股票是否正处于上涨趋势中，并不像看起来那么容易，但它是一种切实有效的策略。

  注意：最有经验的交易员会依据市场情况使用多种策略。事实上，一位优秀的交易员，其特点就是灵活性。交易策略并非对每个人都适用，主要是由于个性情绪的差异。

  我认为每位投资者都应该熟悉短线交易策略，虽然没人希望您成为一名专职交易员。使用工具和策略的交易员可以做短线，但与"买入并持有"策略相比，短线交易需要更频繁地做出决策。

  记住：超过80%的专业基金经理，还不具备运用各种交易策略击败市场平均收益的能力。那么您将从何处起步入市？首先，您的主要目标是尽可能地了解市场。您是想成为一个交易者，而不是想发财。当您积累并掌握了经验、知识和纪律，您需要尝试在不断犯错误的过程中增长财富。

  现在，让我们来看看一种神秘而颇具挑战性的短线策略：投机卖空。用市场下跌时获利替代市场上涨时获利。哪怕您永远不去卖空一只股票，但重要的是您需要懂得这种策略的运作机理。

卖空：从股价下跌中获利

  当您投资买入一只股票，一定是希望它能够上涨，这里说的是长期持股。您的目标是低买高卖（或高买高卖），而您的利润来自股票买价和卖价之间的差额。

  如果您先认定一个股票价位，当股价下跌时，您就可以投机卖空。当您卖空时，您会先卖出股票，并希望以较低的价格再买回股票。您的利润仍然来自于股票买价和卖价之间的差额；换句话说，股票买卖是相同的，但买卖的顺序相反。如果您从来没做过投机卖空股票，这听起来会很奇怪，直到您做了几次就习以为常了。

  想象在股票价格下跌时赚钱。对许多人来说，从一只股票下跌中获利是不道德的。但实际上，您涉足市场的唯一理由就是赚钱，只要能赚到

第9章 想要快速赢利？短线交易策略

钱，无论做多还是做空都无所谓。投机卖空股票既非不道德也非不合适。这只是一个即使在经济低迷世道下也能让您获利的复杂策略而已。

例如，您观察 YYY 公司股票，相信它下个月一定会跌价（也许您得知了有关于这个行业的负面消息，或者您注意到该公司有很多债务），于是您决定以每股 20 美元的市场现价，卖空 100 股某公司股票。

您可以打电话给您的经纪公司，或使用您的在线账户。当您提交完交易指令，股票已然卖出，同时，您的经纪公司就借给了您 100 股 YYY 公司股票。

在这个例子中，100 股 YYY 公司股票价值 2000 美元（20 美元×100 股）。如果 YYY 公司股票下跌至每股 18 美元，价值共 1800 美元（18 美元×100 股）。您就可以按 18 美元现价买回股票，还清所借的股份，并锁定两个点的利润即 200 美元。注意，您可能还需要支付保证金借款的资金利息。

卖空，虽然听起来像一个简单的策略，但很多环节可能会出错。首先，当您买入并做多一只股票时，您最可能损失的就是您所投资的一切。其次，当做空股票时，您的损失可能比全部投资成本更多。这就是为什么说卖空有风险，特别是如果您还没有制定风险管理纪律的话。

这里的另外一个例子：比方说您错判了行情，YYY 公司股票正在走高。每上涨一个点您就要损失 100 美元。那该公司股票能涨到多高呢？答案是可怕的：无限！

卖空的麻烦是，如果股市上涨，您的损失将无法估量。切记，当卖空的股票走势逆转，最有经验的卖空者能够严守纪律去覆盖仓位（即平仓）。如果当您卖空交易，重要的是当潜在的损失接近到 7% 或 8% 时，您就要启动止损程序。

我知道有人曾做空 100 股黄金 ETF（股票代码是 GLD），认定它不可能走高。他们深信每股 100 美元这一 ETF 价格过高。也许他们是对的，但黄金却继续上涨。最终黄金 ETF 从 100 美元攀升到 180 美元以上，他们遭受了 8000 美元的重创。

显然，当痛苦太大，他们无奈平仓（即他们在一个更高的价位买回ETF），他们遭受了巨大的损失。最终，GLD 的确跌下来了，但为时已晚，我的这些朋友们早已被迫砍仓出局。

如果您强烈地坚信：整个股市（而不是一只个股）正在下行，我建议您最好去买一只反向 ETF 基金（稍后再作讨论）。尽管大多数投资者相比卖空更喜欢做多，但卖空是一种交易策略，理解它十分重要。

同样，倾听卖空者的见解也很有帮助。通常，多头投资者喜欢自欺欺人地认为股市或手中股票总会走高，而专业的卖空者对于牛市宣言"好得难以置信"的驳斥也是有益的。在我看来，您应该听取双方辩论的观点。但是最终，您应该选择自己的方向，这应该基于证据，而不是观点。

用交易所交易基金 ETFs 来卖空

在上一章中，我解释了如何投资交易所交易基金 ETF。ETF 的另一个优点是，您可以使用它们来做空市场。例如，如果您对市场前景看淡，您可以购买反向 ETF，它包括一篮子已被卖空的证券；换句话说，如果股市下跌，反向 ETF 的价值就会看涨。

另一个想法是购买一只非杠杆的反向基金，其目的是从相反的方向跟踪标普 500 指数。反向基金的优点，是您不必学习如何卖空个股，只需让反向 ETF 来为您做空。如果您认为指数价格将会下跌，购买反向 ETF 就顺理成章。由于 ETF 包含的股票种类是多元化分布的，因此相比卖空个股，风险要小（只要它不是杠杆式 ETF）。

我们假设，您认为标准普尔 500 指数将要跳水。首先，您应该掌握有效的基本面或技术面的原因，从而得出上述结论——收到来自朋友的提示或读到一篇可怕的文章所警告的崩盘，并非一个有效做空市场的理由。如果您确信市场将会暴跌，当然也可以卖空指数中的每一只成份股，但这样做成本将非常昂贵，尤其如果您错判了方向。采用卖空指数中成份股的替代方式，您完全可以买一只反向的非杠杆式 ETF。

我们假设您买了 100 份 RWM，这是罗素 2000 的反向指数。如果罗素 2000 价格下跌，那么 RWM 就会上涨（几乎以 1∶1 的比例动态关联）。如果罗素 2000 下跌 1%，则 RWM 就会上涨约 1%。相反，如果罗素 2000 上涨 2%，该 RWM 也会下跌约 2%。您也可以购买标普 500 的反向指数（纽约证券交易所代码：SH），道琼斯工业平均指数的反向指数（纽约证券交易所代码：DOG），或纳斯达克 100 的反向指数（NYSE：PSQ）。

买家注意：交易垃圾股

所谓垃圾股，就是通常以每股不到 3 美元的价格出售的股票（也有人把这种垃圾股定义为每股股价 5 美元以下）。由于这些小公司的股票通常达不到在一家主要的股票交易所上市的最低要求，他们就在交易所之外的市场上进行交易（场外交易）。在纳斯达克，这些垃圾股也被称为"粉单"。因为在过去一段时期内，这些股票的名称和价格都被印在粉红色的纸上。

许多投资者交易垃圾股，完全因为股价低，他们可以买很多股份。例如，您只有 1000 美元，就可以按 0.5 美元股价买入 2000 股。如果股价涨到 1 美元，您就斩获了百分之百的利润。但这又是垃圾股美丽外表下的假象，事实上，低廉的价格往往只是一种错误的幻觉。

例如，您可以买一只 1 美元的股票，两三天后眼睁睁看着它下跌到 0.6 美元。这种现象经常在垃圾股中发生。毕竟，垃圾股的低价都是有原因的，其原因可能是管理不善、没有销售收入，或债务缠身，但无论什么原因，通常都没有足够的买家来推动股价走高。即使价格低廉，但垃圾股的交易量依旧很低。例如，像苹果这样的股票每天成交量可达数百万，而一只垃圾股成交量也许只有 10000 股，甚至更少。

有些交易员专门交易这些股票，尽管需要一些不同的思维方式，但随之而来的问题是，垃圾股这么低的成交量，是否很容易被人为操纵？回答是肯定的。试想一下一只垃圾股，价格只有1美元，且一天成交量仅为25000股。如果有人进场购买10000股，那么势必将影响股价（这也是为什么那些有筹码的投资者特别喜好垃圾股的原因）。

正因为垃圾股如此差的成交量和流动性，它们成为骗子们理想的行骗工具，他们会通过电话和电子邮件不停地骚扰您，吹嘘这些不值一文的垃圾股。

一点小建议：如果有陌生来电来推销垃圾股，您可能会听到，"嘿，伙计，这个股票只要0.1美元一股，1000美元的投入就能购买一万股。如果股票变成1美元，那么您就能赚到一万美元。相信我，买上一万股吧，这个股票绝对火热"，我的建议是，立即挂上电话。

但是每天还是有许多人掉入陷阱。这些垃圾股的经纪人都会给出炙手可热、一股难求的假象。但事实上，几乎很少有垃圾股翻身的先例。您试想一下，如果股票真的这么好，他们为什么这么卖力推销？如果您只是一名初学者，请远离垃圾股。

如果您必须交易垃圾股

听了这么多的警告，如果您继续坚持交易垃圾股，有一些指导方针请一定遵守：首先，忽略那些电子邮件和社交媒体上的炒作宣传，里面几乎都是些虚假信息，此外，许多垃圾股公司都会花钱，在报纸和媒体上大肆宣传；其次，如果您继续打算投资垃圾股，请选择有盈利支撑，且股价创出52周新高的股票。一旦您获得了30%的收益，立即卖出，因为收益可能很快就被吞噬；再次，只能关注那些每天成交量在十万股以上的股票，缺乏成交量和流动性的垃圾股是很容易被操纵的；最后，千万不要使用市价指令，因为流动性的缺乏，您的成交价格往往会很糟糕，使用心理止损或者价格预警，对于垃圾股投资，仅仅尝试一些小额资金来博取高收益。

垃圾股的声名狼藉都是有原因的，所以请一定小心！

如果您充满好奇，想查阅没上市、场外市场的股票价格，可以登录网站 www.otcbb.com，但在投资其中的股票之前，请认真阅读下面的警示。

警示：哄抬股价

如果您购买某只股票的理由，仅仅是小道消息的话（新手经常会如此），那么您很有可能成为"哄抬股价"的受害者。

一些场外交易的小型公司（以垃圾股居多），会以"千载难逢的"的噱头来诱导投资者。接着骗子们会在聊天室、电视或者广播中发布各种积极乐观的公司消息。有时候，您也会接到经纪商的推销来电。他们都是通过散布虚假消息来哄抬股价。如果此时股价上升，绝不是由于公司盈利增加，而完全因为投机买卖。随着越来越多的投资者被引入，并伴随着股价的上涨。这些布局者就开始准备"倾倒"股票，换取巨额利润。最终，当真相浮出水面，股价便一泻千里。猜一下谁会最后接收这些一文不值的股票？是那些轻信炒作宣传的人们，他们也许还幻想价格会升高，依旧不舍得卖出。

哄抬股价是最古老和最有效的股市骗局之一，那些股价不足 1 美元的垃圾股，屡有发生，因为它们很容易被操作。

现在，您已经阅读了一些并不建议使用的投资策略。如果您是一名新手，请注意，我要介绍的投资大师——威廉·欧尼尔和约翰·博格尔，他们的策略风格是大相径庭的，但他们的投资结果却是趋于一致的。您可以学着使用这些策略去股市中赚钱。

如果您是第一次开始，那么跟从大师的建议，对您是有百利而无一害的。

第10章 富有传奇色彩的交易大师威廉·欧尼尔和约翰·博格尔

华尔街传奇 威廉·欧尼尔

在我们讨论威廉·欧尼尔之前,让我们讨论一个由他开发的成功的投资系统。

CAN SLIM 简介

如果您是一个初学者,您需要一个训练有素的选股方法。最好的就是CAN SLIM。这是由《投资者商业日报》的创始人和出版商威廉·欧尼尔开发的一个基于规则的结合技术面和基本面分析的投资系统。

CAN SLIM 的每个英文字母,都代表着该方法的一项性能特征。从历史上看,正是这些性能特征在股票赢利之前启动了股价的大涨。理想情况下,一只成功的股票应该具备所有这些属性,这在欧尼尔的畅销书《笑傲股市》中有所阐述,CAN SLIM 的全部七个英文字母,代表了该投资系统的七项性能特征:

C:当前季度收益和销售

A:年度收益增长

N：新产品、新管理、新高度

S：供给和需求

L：龙头股还是垃圾股

I：投资机构的认同

M：市场导向

现在，让我们仔细审视这些特征。

C：最牛的股票，在启动股价的上涨之前，就显示出优越的年度收益和销售额同比增长，这是很有意义的。同比增长最好是25%或更多，越高越好，尤其是这种增长速度正在加快（即每季度比上季度增长更大）。在欧尼尔的研究中，一只季度业绩和销售增长强劲的股票，才有更高的成功概率。

A：专注于股票年收入增长，过去三年增长25%或更多。

N：寻找推出了新产品的公司，或在管理等其他方面能为资产表带来新变化，使其有别于竞争对手的公司。此外，使用技术分析方法，寻找股价在爆发之前已经过充分的修复整理（即在一个波动或交易区间内）的股票，以冲击新的价格高点。

S：供给和需求构成股票市场的全部内涵。发现股票价涨量增，就是机构投资者可能在购买的一种信号。这种股票的成交量，应该至少比大盘修复整理或常规交易模式的平均水平高出40%。此外，要寻找公司回购本企业股票和上层高管私下增持股票的收购行为，这意味着他们将拥有成功赢利的上市公司股份。

L：在一个行业组织或领域中购买最强的股票——龙头股。没有理由只因价格低廉就购买疲弱的垃圾股，特别是要在一个好的市场（技术分析师所说的相对强市）中买最强的股票。您想要拥有最强行业中的龙头股，而这些股票的相对价格实力评级应该是80分或更高（该项统计评级出现在《投资者商业日报》上）。

I：购买养老基金、银行和共同基金之类的机构投资者手中持有的股票。强大的投资机构的支持就是流动性，投资机构据此得以进退自如。这类股票也不太可能出现股票价格的大幅波动。

M：观察了解价格和数量指标，来理解市场的强弱。3/4 的成长型股票往往遵循整体市场趋势，这是洞察大盘表现的关键。使用股票走势图表来确定市场的顶部和底部。使用技术分析不是为了做出预测，而是据此理解市场现在的所作所为。我将在第 13 章的技术分析中介绍股票的技术图表。

欧尼尔创立了一些对抗人性的规则。例如，许多人热衷于低买高卖，毕竟每个人都想捡到便宜货，但如果您要追随欧尼尔的策略，他就会问您"为什么要买没有价值的公司"。

如果您认为股市是一场拍卖会，那么他的意见是有道理的。当辉煌一时的股票价格下滑时，其下滑背后是有原因的。许多人认为赢得了一次不错的交易，但他们实际上买进了价格正在走软的商品。的确，专业的价值投资者和分析师团队能找到便宜货，但大多数个人投资者没有时间和精力成为价值投资者，没有时间和精力去发现潜在的低价企业。

如果您是股票市场的新手，您必须从某个起跑线开始。CAN SLIM 就是一个伟大的起点。我最钟爱 CAN SLIM，是因为它结合了基本面分析和技术面分析。当您准备买入个股时，您可以使用 CAN SLIM，以确保您买到具备上涨潜力的强势股。学习领会 CAN SLIM 的功能特点，能帮助您学会识别那些价格飙升行情正在启动的最佳股票。

现在，我有一个特别的惊喜。欧尼尔先生欣然同意接受我的一次专访。

威廉·欧尼尔简介

威廉·欧尼尔，华尔街经验最丰富、最成功的资深投资人士之一。

他 21 岁白手起家，用 500 美元买下了自己的第一只股票，这是他所有的钱。他尝试了许多不同的策略，起初他操作得并不好，他有过很多的试验和错误，他用了两年半来寻找股市的赚钱之道，他花时间学习，学习一切关于股票的知识。

对于欧尼尔最具影响力的书籍，是专业交易员杰拉尔德·勒布撰写的《投资生存之战》和记述交易大师杰西·利弗莫尔投资经历的《股票作手回忆录》，这些书籍帮助欧尼尔构建起许多的策略开发框架。

起初，欧尼尔只是买入市场上的龙头股，他以为自己做得很好，但他只得到崩盘的结局。这时候他总结出一个教训：自己懂得如何买进股票，但不知道什么时候卖出。为了解决这个问题，他创建了一整套卖股票规则的集合。

1962年，欧尼尔的卖股票新规则提示他：卖出所有的股票，他也确实这样做了，甚至靠卖空赚了些钱。1963年市场转势之际，他用所有的现金3000美元，并且借入2000美元，这总共5000美元的投入，换来了200000美元的盈利。依靠这笔钱，30岁时，他在纽约证券交易所买下了一个席位，随后在洛杉矶创办威廉·欧尼尔公司，执专业投资机构之牛耳。再后来，他创办了《投资者商业日报》，该报成长迅速，是《华尔街日报》的主要竞争对手。

欧尼尔目前是全球600位基金经理的投资顾问，担任资产超过2亿美元的新美国共同基金的基金经理，他还是畅销书《笑傲股市》的作者。

以下是我对威廉·欧尼尔的采访记录：

问：当股市涨到顶部时，有迹象好的其他线索吗？您是凭自己的本能来操作吗？

答：您首先会看到龙头股走势发生动摇，卖盘加大资金流出。如果获利者不能重返艰难的市场，那就是市场走弱的信号。交易员不应该仅凭本能操作，相反，他们应该看清市场和个股所告诉他们的股价、成交量和基本面的动向。

问：从您第一次开始投资起，股市成交量的数字有变化吗？

第10章 富有传奇色彩的交易大师威廉·欧尼尔和约翰·博格尔

答：是的，与几十年前相比，现在市场上有更多的钱、更多的股票和更多的交易员，但是技术图表的模式保持不变。在一个理想的、强大的市场里，您正在寻找股票的成交量和股价的新高，通过图表可以看到这些变化的动态。这对于任何投资的时机都至关重要，关键是要看市场的指数和股票价格在如何动作。

问：市场变盘反转时，您怎样赚钱？

答：通常，在变盘期间，最安全的做法是持币观望。这是一个有趣的统计：变盘期间基本图形保持良好的股票，一旦市场反转形成上涨趋势之初，有72%会首先脱颖而出。因此，尽管您不想呆在变盘的期间，那也需要洞察发现下跌市道中上涨的牛股这一重要信号，因为3/4的成长型股票会紧跟市场新趋势而动。

问：您从杰西·利弗莫尔那里学到的最大收获什么？

答：金字塔策略或股票均价上行策略，是他操盘的关键要领之一。利弗莫尔的意思是，首次入市购买股票后，如果股价上涨，就要用赢利去加仓，购买更多的股票。

问：什么是市场趋势？

答：CAN SLIM 中的 M，帮助投资者发现关键的市场趋势。市场疲软时不要投资入市，因为股市正陷入低迷。但 CAN SLIM 的功能作用就是率先帮您发现好的市场，并带给您低迷市道开始消散的信号。

问：您有没有观察任何特定的经济指标？

答：与观察个别单项经济指标相反，我们主要看市场整体反应的指标，例如每月的月度报告，可以是一种很大的市场影响力。

问：投资者还应该做些什么呢？

答：最成功的策略就是一个规则，它没有情感，它会避免投资者爱上一只股票。投资者需要一个强有力的计划，来管控任何可能出现的情况，而个人情绪会干扰和影响对市场信号的判断。

问：您从伯纳德·巴鲁克身上学到的最重要的经验是什么？

答：不要害怕出售正在上涨的股票，从而锁定您的收益，巴鲁克就是这样做，才得以阶段性取得重大成功。

问：对于投资者来说，如果必须选出三个教训，那应该是什么？

答：学习交易规则、学会解读技术图表、研究自己犯过的错误。

问：您还知道在您的书中没有谈的其他规则吗？

答：我们的书最近进行了改版更新，用图表形式囊括了100位股市赢家的投资模式。我们意识到这可能是投资研究的关键。一旦您习惯于解读技术图表，读懂类似的大赢家的投资模式，您的投资就将会获得改善。

所以，回答您关于添加其他新规则的问题，这不是我的系统，而是一个历史分析的体系，用以证明股票走势如何初现端倪，如何识别机构正在买入。使用 CAN SLIM 作为操盘的向导，它就会从基本层面为您捕捉市场的动向。

这并不意味着市场没有差别，这就是我们总是能抓住那些研究市场的关键因素的原因。这意味着，例如说市场状况每年都有些独特之处，但一般的规则是相同的。

问：您做过交易所交易基金 ETFs 吗？

答：出于对 ETF 的兴趣，我们为 CAN SLIM 制定了一些 ETF 领域的新功能，但是成长型股票通常能跑赢其他投资品种，所以对个人投资者来说，CAN SLIM 确实是一个很好的交易指南。

我从 CAN SLIM 中学到了什么

通过对欧尼尔先生的采访和对 CAN SLIM 的研究，我总结出以下 26 条规则：

1. 您必须有一整套买卖的规则，并且要坚持执行。
2. 您必须为减少损失而预先设定止损线，如股价下滑 7% 或最多 8%（对我来说通常是 5%，但有时更多）时，这样就可以用当前的小损失来避免未来潜在的更大损失。

3. 大多数人都想以较低的价格买股票，但他们通常是追随输家。不要在低位选垃圾股，而要买成长途中的股票，这虽然违背了人类"付出高价竞买高质量的股票"的本性（即高买高卖），但您的目标不是选购最便宜的低价股，而是在合适的时机买入，以夺取成功的最好机会。为什么买了收益较差的股票价格还会下降？不要去买看起来很便宜的股票。基于研究欧尼尔发现，股价创新高后往往会进一步走高，而股价创新低后往往会进一步走低。

4. 一定不要去买那种过去延续了太多的理想买入点的股票，要随时准备好，一旦股票初显疲态或者市场大范围进入调整时立即卖出。关键是精选正确的价位，即在该股行情爆发的基点位置，或在关键性的技术形态下买入，这样的股价就是欧尼尔所说的"支点"或理想的买点。

5. 如果您错过了初始的行情，就不要去执意追高，相反，应转而寻找其他成长型股票。

6. 购买各自产业或行业中的龙头股票，就是购买最好的股票。

7. 当您的股票下跌7%—8%，低于购买价或出现其他警示信号，马上卖掉它。有些人的做法刚好相反：他们卖掉正在赢利的股票，却保留住正在亏损的股票，这真是天大的错误。

8. 买入机构正在增持所有权的股票。

9. 与均线下行购买策略（即越跌越买）相反，要采取均线上行购买策略。如果您最初买入后股价上涨，就应考虑再加仓买入更多的股票。

10. 当活跃股票的消息满天飞，这通常是卖出的时机。

11. 收入增加极其重要：积极的盈利可能吸引来机构买家，这反过来又可能会拉高股票价格——上涨盈利越大越好。

12. 如果您买进一只股票，不到3周股价攀升超过20%，那就从买入之日起至少持有8周时间，除非它闪现直接卖出信号，这样才可能赚大钱。

13. 不买低价股。

14. 使用基本面和技术面分析。

15. 如果一家公司的收入或销售增长速度减慢，这就标志着它正在走弱。

16. 当您看准做对了趋势，就要允许以小亏来保持大赢。

17. 有些人以赌博方式押注股票，并顽固持有，直到他们失去全部或大部分钱财：当卖出信号出现或大盘出现回调时，他们拒绝采取行动。如果您能读懂技术图表，就可以在恰当的时机买入股票，增加以理想价格购买股票的概率。尝试发现正确的卖出时机，这将大大提高成功的概率。

18. 多元化听起来不错，但欧尼尔表示，有6—7只个股就足够了。买多少只股票，取决于您用于投资的资金量；同样重要的是，您可以有效监控多少只股票。适当的多元化，关键在于股票不要太多，不要让您失去控制和跟踪它们的能力。

19. 市盈率（P／E比率）通常是一个价值投资者研究课题的一部分，但大多数大赢家在股价大幅飙升之前，持有高市盈率的股票。

20. 熊市期间，要以卖出和保持空仓观望（或卖空）为主。

21. 当龙头股走势发生动摇时，就要朝下看跌。

22. 不在市场调整中买入，因为熊市期间大多数股票需经历艰难的攀爬才有望突破启动的基点，或尝试走出新的加速行情。当别人在疲软的市场中输光身上的衬衫时，您要寻找正在反复筑底、夯实基础的最强势股票，做好准备，一旦回调结束，新的市场上涨趋势开始，立即出手买入。

23. 在牛市后期，甚至市场的领军主力也可能失去动力和分化瓦解，这可能是一个警告信号：牛市即将结束。

24. 历史早已表明，大多数牛市持续2—4年，随后通常是熊市或衰退的到来。

25. 无论看涨还是看跌，始终关注整个市场。

26. 密切关注成交量：一方面，如果股票的成交量反弹，就是一种积极的迹象；另一方面，如果一只股票放量大幅下跌，那就是一种负面的

第 10 章 富有传奇色彩的交易大师威廉·欧尼尔和约翰·博格尔

信号。

介绍约翰·博格尔

我还有另外一个惊喜，投资大师约翰·博格尔也同意与我们一起聊聊，他对于股票市场的看法。

约翰·博格尔，指数基金之父，是基金行业的先驱者及批判者，《纽约时报》评选的"全球十大顶尖基金经理人"之一，《财富》杂志评选的"20 世纪四大投资巨人"之一，《机构投资者》评选的"终生成就奖"获得者，《时代》杂志评选的"全球最具影响力 100 位人物"之一。他荣获投资管理与研究协会的行业精英大奖、普林斯顿大学的伍德罗·威尔逊奖、宾夕法尼亚州评选的年度"商业领袖"，他是买入持有指数共同基金的拥趸，并曾经入选固定收益分析师协会名人堂。

博格尔是先锋集团创始人。先锋集团是全美规模最大的两个共同基金组织之一，拥有 100 多家基金，目前总资产高达 5000 亿美元。博格尔于 1975 年创立的先锋 500 指数型基金，是目前全球最大的共同基金，也是第一家指数型共同基金。

在长达半个多世纪的职业生涯中，博格尔共获得数十家全球顶级大学的荣誉博士学位，其经典著作包括：《投资常识》、《共同基金常识》、《博格尔谈共同基金》等。

以下是我对威廉·欧尼尔的采访记录：

问：您是什么时候第一次提出购买指数基金的想法的？

答：这可以追溯到 1951 年，当时我还在普林斯顿大学念书，正在写关于共同基金的毕业论文。我研究了很多基金资料，并检验它们的数据。我当时的研究还十分肤浅，但根据研究结果，我总结出共同基金若想持续跑赢市场是几乎不可能的。

问：先锋基金是如何开发第一只指数基金的？

答：1974 年先锋基金刚起步的时候，我们就有推出世界首只指数基金的想法。当时我的灵感来源于当年《组合管理》杂志刊登的一篇文章，作者是 20 世纪伟大经济学家保罗·萨缪尔森，当时他敢于挑战主动基金管理人的权威，呼吁创建指数基金的必要性。我在先锋基金的第一个重要决策就是，筹建全世界第一只指数基金。萨缪尔森博士在《新闻周刊》撰写了一篇四页的文章予以支持，这对我来说至关重要。

问：当时基金行业是否跟随您的步伐？

答：一开始完全没有，整个华尔街响彻着对指数基金的声讨之声。当时的共同基金行业不明白，为什么有人会仅仅追求市场平均水平，并且，大多数的基金业内人士也不希望为投资者降低成本，他们的目标是通过增加资产规模和提高费率来提高行业收入，所以，直到 20 世纪 90 年代，指数基金的规模才开始增长。

问：您为什么喜欢指数基金？

答：这很简单，指数基金减少了投资者的成本，并保证他们公平分享市场回报——尽管一部投资者会觉得有些无聊。

问：您是如何看待 ETF 指数基金的？

答：我不知道是否应该对其表示认同。如您选择购买一只 ETF 基金，比如 SPY（SPDR 标普 500）或者 VTI（先锋全股票市场 ETF），您完全有理由去买入和持有，因为 ETFs 指数基金的持有成本是与传统指数基金（TIF）几乎是一致，但是 ETF 指数基金可以当天买卖和全天交易，这与传统指数基金不同的，所以我们必须问自己这样一个问题：我们认为它是机会，还是应该对其声讨？我会选择后者，因为我认为 ETFs 指数基金的"实时全天"的交易机制，是愚蠢的。

问：您是如何看待 ETFs？

答：基本上，如果不频繁交易的话，ETFs 是非常的好投资工具；但事实

第10章 富有传奇色彩的交易大师威廉·欧尼尔和约翰·博格尔

上,机构投资者交易十分频繁,他们使用ETFs,想在市场中进行投机买卖。我很质疑ETFs是否可以算作金融产品创新,在我看来,它是最伟大的基金营销创新,但营销人员并不关心ETFs对投资者是否有利。

问:ETFs是否有其他一些问题?

答:另外一个问题是,人们把广义的ETFs引入极端,比如3倍杠杆的投机ETFs,我称其为高风险的极端分子,这彻底违背了分散化的初衷。这些非分散化的ETFs充满着投机特征,我一点也不喜欢它们。

问:您坚持买入持有的交易策略,但如果您预见了一个即将到来的熊市,是否还会继续持有股票呢?

答:是的,首先您的财产应该分散化投资,与资产配置必须得当。60%的股票配置和40%的债券配置,是一个不错的开端。如果您事先预见了熊市正在形成,您应该在市场高点的时候退出,并待其回落的时候回来。但我不知道谁可以精准地说出熊市何时开始,我肯定没有能力告知何时结束。在这种情况下,您必须两次节点都要把握对,但这样的可能性是很低的,还不如继续坚持我的长线投资计划。这是伟大的建议。在熊市形成之前告诫我离开,但谁又能告诉我回归股市的准确时机?所以我认为,投资者应该坚持持有,无论熊市是否即将来临——不要尝试去战胜市场。

问:您有什么建议?

答:不要太在意股票的每日波动。如果您持有一个多样化且低成本的投资组合,只需要简单持有。当然,如果您能准确把握时机、低买高卖的话,一定会获利更多,但实际上,这样的牛人不存在。

问:投资指数如何开始?

答:如果您刚从大学毕业,打算投入几百美元到指数基金中,这是一个明智的选择,您会学习到整个市场的运作过程,您会明白下跌后会发生什么,也会深入了解买入并持有策略背后所隐藏的智慧。不要轻易尝试挑战市场,就简单做一名遵守纪律的长线投资者。每月定期投资可以负担的资金，不用过度担心市场的变化，这个根本没关系。当市场受难于下跌50%，人们便在惊恐中思考何时退出——主观情绪会导致错误的决策。不要掉入这些陷阱。简单地持续每月定投，不用担心股票价格的短期波动。随着时间的累积，当您看到业绩报表的时候，一定会满意您的投资回报。您会发现，您的回报会比那些被情绪左右的投资者高得多。

问：您从不卖出吗？

答：逐渐地，当您进入30岁和40岁的人生阶段，您会拥有更多可投资的资金，您应该开始配置一些股票指数基金和一只债券指数基金，开始逐渐减少股票配置和建立债券头寸。从历史数据来看，债券指数基金比股票指数基金有着更高的收益率，尽管并不永远都是这样。

问：投资者是否应该买入并持有个股？

答：如果您选股技艺超群或者有着罕见的运气，您可以忽视指数，完全购买那些优质股票。但是并我不知道如何挑选。根据记录显示，在大多数的情况下，我们所认为的那些好股票往往都是灾难。人们喜爱赌博，投资者也不例外。华尔街跟拉斯维加斯是相似的。您押注红色，其他人则猜黑色。长期来看，只有赌场才赚钱——华尔街，就像站在赌台中央的主持人一样，根本不在乎您做什么，只希望您继续交易。

问：您对那些自认为可以击败市场的人有何建议？

答：首先，您应该创立一个长期的投资组合，包含适当比例的股票和债券基金。这是您的实盘账户，并且账户中的钱您是用来退休生活的。账户资金包含了90%—95%的可投资资产。盯着这个账户是十分无趣的，但是等您退休的时候会激动不已。把剩余的5%资产作为"乐子钱"，主动投资。我建议您为这些钱单独开立一个账户，然后根据自己的喜好进行投资。许多人都有赌博的天性，在这个账户中，您可以尝试交易个股。5年之后，去查看账户收益率如何，是否能够战胜市场？我认为还是有可能的，也许是1%或者2%的可能性。

问：为什么不是每个投资者都购买指数基金？

答：指数的理念是没有人能够持续地击败市场，这个多少有点违背直觉。如果基金销售人员整天跟您吹嘘，他们家的基金产品比指数基金更好，这似乎让人难以抗拒；但他们不会告诉您，许多主动基金公司经常更换基金经理。如果您把额外的主动管理费考虑进去的话，那是否还有机会能跑赢指数呢？我不敢说一定是零，可能是 0.0001%。事实上，大多数的基金管理人是伟大的营销专家，他们只关注那些击败市场指数的基金。

问：最终的建议呢？

答：从长期来看，投资回报是由经济增长驱动的，而不是由主观情绪左右。企业的价值的增加，是通过股息支付和盈利增长实现的。从长期来看，股票市场的收益等于企业收益；但从短期来看，这一切又都不一样。长期持有策略，有助于投资者获取企业不断实现的盈利。

华尔街巫师：沃伦·巴菲特和彼得·林奇

威廉·欧尼尔和约翰·博格尔都是著名的华尔街投资大师，但接着要介绍的两位，是真正意义上的投资传奇。首先，是投资者们耳熟能详的沃伦·巴菲特。

沃伦·巴菲特

如果您问专业投资者"心中最杰出伟大的投资大师是谁"，大多数人会提到亿万富翁沃伦·巴菲特，他是著名公司伯克希尔-哈萨维的首席执行官，一家拥有保险、出版业和制造业的综合集团公司。

本杰明·格雷厄姆，两本投资经典的作者，《证券分析》和《聪明的投资者》，都影响了巴菲特的一生。巴菲特曾经在格雷厄姆的股票经纪公司工作，在那里学习了大师如何管理投资组合和挑选价值型股票。

巴菲特对格雷厄姆的原始策略进行成功的改进，他使用了股票的账面价值、市盈率和股息率等指标计算公司公允价值，始终秉持购买价值被低估的股票并耐心持有的投资理念。

巴菲特一直坚持购买那些主营业务清晰简单和易于理解的公司，这也是他没有投资互联网股票的原因，因为他确定行业的真实价值所在。大多数互联网公司几乎没有营业收入，但市盈率却高得惊人。在互联网行业大行其道的那些时间（20世纪90年代末期），许多人嘲笑巴菲特过于保守。事后看来，巴菲特是对的，因为他成功避开了之后的互联网泡沫破裂。

巴菲特以自身的诚实稳健和特有的幽默感赢得了行业的声誉，是他第一个提醒投资者，应该警惕那些利用员工激励计划进行会计舞弊的公司。

许多人试图效仿巴菲特的成功投资模式，一些优秀的书籍都介绍他的投资理念和方法，但绝大多数都只是基于一些常识。对于广大投资者而言，最为困难的是学习如何对企业进行有效估值，巴菲特是在其的投资生涯中慢慢学习和领悟的。

传奇投资者——彼得·林奇

彼得·林奇曾经管理着富达麦哲伦基金，一家数十亿美元资产规模的巨头。长达20年期间，富达麦哲伦基金有着平均高达29.2%的业绩回报率，这也是共同基金历史上最好的纪录。这一举奠定了林奇的传奇地位。

林奇一直强调，"投资于您所熟悉的"，他还建议投资者去商场或职场去观察人们的购买习惯、出入哪些商店，他说这是一个获得股票投资想法的很好途径。

林奇还是《学以致富》、《彼得·林奇的成功投资》和《战胜华尔街》三本畅销书的作者。这些畅销书都由著名的西蒙出版公司出版，在书中，他建议投资者忽略市场短期的起伏，而应专注发现一些可以长期成功和业绩增长的公司。

林奇的投资理念主要是，购买一只股票时，投资者是在投资这家公司，因此当公司盈利上升，则股票价格也会相应上涨。根据林奇的研究，相关性为100%。

对林奇而言，成功投资的关键在于寻找好那些业务模式清晰、能够盈利和有竞争优势的公司。林奇具有敏锐的投资嗅觉，能够在早期就识别出拥有高质量产品的优秀企业：他是最早投资沃尔玛、唐恩都乐和实得购物超市的投资者之一，这三家公司后来运营非常良好，给予了投资者丰厚的回报。

林奇被广为熟悉的一点是，他会参观和调研所持有的公司，比如，他会去汽车经销商那询问销售情况。对于林奇而言，相比知悉股票价格，查看公司基本面状况才更为重要。

林奇对于那些使用市场进行赌博和投资的人深恶痛绝。在被采访中他告诉我，股票绝不是一张乐透彩票。

第10章　富有传奇色彩的交易大师威廉·欧尼尔和约翰·博格尔

他也不会对市场进行预测。"我很乐意知道未来会发生什么",他说道,"如果我们能现在看到明年的《华尔街日报》,我一定会支付额外的费用,但事实上,我根本不知道明年或者后年将会发什么。"

林奇对于市场回调泰然自若,即使是面对下跌20%或者25%的熊市,亦是如此。"如果您清楚了解手中的公司和它们对手的情况,那就足够了。在市场或者股票下跌的时候,您无须惊慌;相反,您如果不明白公司的业务构成,当其价格跌去一半的时候,您应该如何反应?如果您根本没有做过深入研究,那么只能拨打热线寻求投资建议,或者心理辅导了。"根据林奇的观点,如果您仔细寻找,市场中总归存在机会,他认为人们应该对股票市场有一个基本的了解和认识,并建议把这些灌输给您的孩子们。

交易作手:杰西·利弗莫尔

另外一名华尔街传奇人物,是股市作手杰西·利弗莫尔。他在广大的交易员心中地位显赫,他的投资理念与巴菲特和林奇完全相左。不同于巴菲特和林奇两位大师长期持股的策略,杰西·利弗莫尔利用股价的短期波动进行投机交易。在利弗莫尔的眼中,当时的股票市场就像是19世纪后期的荒野西部,而他充分利用了规章制度和监管的缺失。具有讽刺意味的是,虽然时代早已更替,当前的市场环境却与利弗莫尔的时期极其相似。

利弗莫尔是世界上最为成功的交易员之一。在少年时,利弗莫尔就退学去股票经纪公司当了一名"黑板小子"(指手动在黑板上随时更新股票和债券价格的投资者)。

利弗莫尔的成长故事和学习经历,可以在他的书《股票作手回忆录》中找到,该书最初在1923年出版。尽管该书的主角名叫艾德温·勒菲佛,但绝大多数读者认为利弗莫尔在叙述自己的故事。迄今为止,在描述股票投机的书籍中,《股票作手回忆录》被认为是最广为流传和最有价值的一本著作。

利弗莫尔通过书中人物艾德温·勒菲佛抱怨了所遭受的巨大损失。损失是痛苦的,但同时又充满教育意义:"只有倾家荡产才能教会我,哪些东西不应该做;只有找到亏损的原因,才能学会如何盈利。"

之后在短短3年内,利弗莫尔就经历了3次破产,他总结道:"破产是最为有效的教训。"从胜利中学到的内容十分有限,但失败却赋予人更多,因为它持续影响着人的一生——关键是不要两次都犯相同的错误。

回顾利弗莫尔的成长经历，他仅凭借 5 美元的本金，长时间混迹于"地下交易所"（没有执照的经纪商，更被表述为"赌场"），且盈利不菲；当他 15 岁的时候，利弗莫尔已经在股票投资中展露天赋，并被大多数的地下交易所禁入。20 岁的时候，利弗莫尔不得不以伪装和使用假名字来混入其中，进行交易。这段不同寻常的经历，也给予了他机会，去看清这些交易所是如何操作市场的。

　　在近距离研究市场后，利弗莫尔创立一套基于完整规则的交易系统，随着交易系统的成功，他变得富有（赚到第一个百万美元时，他 31 岁），他开始躲在隐蔽的办公室中下单，透过电话把指令传送到纽约交易所。

　　利弗莫尔的很多盈利，来源于做空股票（他是著名的市场空头），他让很多人的股票就像过山车一样来回波动，并为此给自己树了许多敌人。利弗莫尔甚至敢和国家中最有影响力的那些金融财阀对立。利弗莫尔那时候采用的很多战术策略是非法的，包括利用内部消息操纵市场和买通媒体散布假消息等。他最为常用的诡计之一，便是哄抬股价，让一些有市场影响力的财经专家或者记者去吹捧一些已经布局的个股，然后随着股价的上涨，他便立刻卖出头寸，获取巨额收益。

　　在他的书中，利弗莫尔说他已经找到成功交易的秘诀，他分享道："在华尔街摸爬滚打多年和损失数百万美元之后，我想告诉你们：我们从来没有想过要在股市中赚大钱。我只是不妄动。明白吗？不妄动！股市中并没有什么诀窍。我认识许多交易员，他们能够准确把握买卖时机，但却鲜有盈利。他们的经验与我相左，因此他们并没有真正赚到什么钱。能准确把握时机并坚持己见，是最难学习的内容，只有同时把握这两点，才能真正在股市中有所斩获——这样的交易员是极其罕见的。"

　　此外，许多投资者难以接受损失，当手中头寸正在亏损时，许多人们并不愿意立刻卖出。利弗莫尔指出："亏损永远不会困扰我，第二天我就会忘记损失——但如果永远不记住教训，才真正危害金钱和灵魂。"

　　众所周知，听信小道消息是股市新手最为常见的错误，哪怕是利弗莫尔，也曾经听信朋友处的小道消息，而导致损失，即使他知道朋友完全处于好意，他在书中写道，"每个人都想得到消息！他们不仅渴望得到，更可怕的是还会到处散播"。他强调了轻信这些消息已经导致了数百万美元的损失，尤其是听信陌生人给出的消息。当然，惨痛的教训也使人们明白了，自我判断才是股市中永恒的技巧。

　　利弗莫尔的很多成功来源于他能细致观察投资者、个股和整体市场（这都归功于他的超强记忆力），他这样总结自己的投资策略："我已经发现经验可以带来盈利，观察则给我信息。"根据利弗莫尔的理念："即使是一场战争也无法改变市场属性，要在市场中赚钱，必须学会审时度势。"学习观察市场的环境状况，是利弗莫尔的伟大发现。

第 10 章　富有传奇色彩的交易大师威廉·欧尼尔和约翰·博格尔

> 此外，利弗莫尔发现了跟从市场趋势的价值："很明显，在牛市做多，而在熊市做空。是不是听上去很愚蠢？但我会牢牢抓住这个基本原则，在我实际操作交易之前，这意味着增加了获利的可能。我花费了很长时间才做到这点。"
>
> 利弗莫尔使用多种方法和策略来买卖股票，其中之一是在股价创新高后迅速买入（威廉·欧尼尔从他身上学到这点）。据说，这个策略能稳定获利。
>
> 利弗莫尔写道："我曾经多次说过，在上升市场中购买股票是最为妥当的方式——不要刻意追求抄到底部买入，或者在顶部卖出。关键是把握买卖时机。"一旦发现股票上涨的迹象，利弗莫尔会立即加仓，这也是他在股中成功的关键。
>
> 利弗莫尔也在价格变化中，发现市场方向的线索。"众所周知，价格遇到阻力时会上升或者下跌。通俗地讲，价格就像其他东西一样，会沿着最弱的阻力线移动。"
>
> 利弗莫尔警告人们，尽管他的方法听起来很容易实施，但投资者必须时刻提防人性的冲动：恐惧、希望和贪婪，还有最危险的——自负。
>
> 后来，利弗莫尔第 4 次输了百万美元财富，他走进酒店的衣帽间，举枪自尽，享年 63 岁。虽然利弗莫尔曾经拥有数百万现金、豪宅和游艇，并约会过无数迷人的女演员，但报道称，他的遗产仅为一处价值不到 1 万美元的房产，令人唏嘘不已。

现在，您马上要进入全书最具挑战性的部分了：学习基本面和技术面分析，学习如何使用这些工具来适时买卖股票。

第四篇

决定买卖哪只股票

第四編

大安寺尋常小學校

第 11 章 真实的基本面：
如何分析上市公司

前面我们已经介绍了一些赚钱的交易策略，现在您也许想知道如何挑选股票，如何进行合理估值，以便成为更专业的投资者。在这一章中，我会帮助您学习使用基本面分析，来挑选和估值股票，并展示技术分析方法。

让我们假设，您是一名医生，正在对一名新病人进行身体检查：您也许会从询问病史开始，问病人家庭成员是否也有类似的疾病等；接着您会列出一个清单，让病人去做详细的检查。如果把这些准备工作用到股票市场上，这些就是基本面分析。

接着，您也许会让病人去做一个心电图检查，根据心电图显示的图形变化，您可以判断其是否患有潜在疾病。查看心电图和观察股票市场的图表是十分类似的，我们则称之为技术分析。

对于一部分读者来说，这些内容可能晦涩难懂，但它们对股票交易是十分重要和有用的——带着许多交易想法而投身股市，却不知道如何分辨股票价值，这样盲目的投资行为，是难以想象的，也是不明智的。

通过使用基本面或技术面分析，您可以亲自发掘自选股或者评估股票，而不再是仅仅依赖电视上股评家的观点或者小道消息。

学习评估股票是一项十分耗费时间的技能，但是值得您付出。随着学习和研究的深入，您会发现，基本面分析和技术分析更像一门艺术，而不仅仅是门人文科学。尽管每个人所能看到的数据都不尽相同，但困难的是，如何从这些数据中提取出有用的结论，还有一件事情您必须知道：即便您使用的是最好的硬件设备和软件程序，但它们依旧不能保证您在股市中稳赚不赔。

真正的选择有两个：一是，您可以仔细研究公司的盈利和资产负债情况，这就是基本面分析；二是，您也可以学习读懂图表上价格、成交量这类的市场指标，这是技术分析。

我的建议是，同时使用这两种方法，因为每个分析方法都有优劣。通过使用基本面和技术分析，您会逐渐成为专业和老道的投资者。

现在，我们先开始学习基本面分析。

理解基本面分析

初学者最常见的疑问是如何发现一只值得买入的股票？这是个很好的问题。如果您购买了一家公司的股票，一定是期待它的股价能够上涨。但如果您不幸选择错误，股票很有可能会下跌，您将会损失资金。

人们如何选择一只股票去买入？最为常见的方法之一，便是使用基本面分析。基本面分析就是研究上市公司的数据。简而言之，您就是要去尽可能了解和关注这家公司的一切信息。

比如，您可能会关注这家公司的盈利状况、研究资产负债表和查看市盈率（P/E）。尽管还有很多数据值得调研，我只是列举了最重要和最常见的几个，您需要去理解和分析。

也许一部分人已经发现，基本面分析是变为成功投资者的基础。毕竟，理解和运用基本面分析是股神巴菲特成功的关键。

此外，一些成功的共同基金管理人，比如彼得·林奇，就使用基本面分去寻找一些正被廉价兜售的优质股票。如果您希望更深入研究股市，就

第 11 章 真实的基本面：如何分析上市公司

必须对基本面分析框架有基础性的知晓。

注意：您可以在一些著名的财经网站上查找上市公司的基本面数据，也可以在您的经纪商网站上查看公司的年报或者季报。如果可能的话，查阅 10-Q 报表，因为其包含很多重要信息。

如果您正打算遵循这条路径去潜心研究，那就对了！您的任务就是分析这些数据，找出那些被低估的股票，然后买入，或者卖出那些股价正被高估的公司。

那些拿着高薪、专业的资金管理人，每天都会花着大把时间研究公司基本面，即使这样，他们其中的绝大多数，可能还是无法击败指数。即使您没有时间去彻底研究基本面分析，也必须知悉一些基本概况。让我们开始吧！

基本面分析：概述

当您遵从基本面分析的结果，而购入一只股票，这时您必须明白，您购入的不是一张纸，而是一家公司，虽然只是公司的很小一部分——请尽可能深入解这家公司的一切。这是基本面分析的基础：深入研究公司，比对竞争对手，然后决定是否值得投资。

许多财务因子（比如公司的资产和负债，盈利和债务数量）能在资产负债表中查到。报表言简意赅地介绍了公司基本财务状况。通过使用基本面分析，我们希望找到一只最有可能您获利的股票。此外，您希望购买的这只股票，它的股价相较于其盈利状况，一定是处于合理估值水平，基本面分析称之为公允价值。

基本面分析是用来决定一只股票是否值得购买或者远离的普遍和流行的方法。如果您做了详细的功课，充分调研了公司的每个细节，同时您的分析逻辑也是正确的话，您将获得高额收益作为回报。

基本面分析是挑选股票和评估公允价值的唯一工具，但它也如同股市中的其他分析工具一样，不能保证您一定赚钱，但从长时间平均来看，运用基本面分析，您更有可能发现优质的股票，比其他投资者更有机会获得成功。

基本面背后的理念

在您开始学习基本面分析之前，让我们先看下一些基本面背后的关键理念。

了解公司的业务

基本面分析的第一步是选择行业。如果我们正处于经济衰退的中期，此时工作岗位缺乏，人们往往身背负债，您可以重点关注抗衰退性行业，比如食品、原油和零售行业。一旦国家摆脱困境，就业市场开始复苏，那么您可以在成长和扩张性行业中寻求机会，类似科技行业。不管在哪种情况下，您一定要寻找行业中的龙头公司。

去商场观察顾客的消费习惯，也是寻找优秀股票的途径之一。您也许听说过，投资大师彼得·林奇曾经通过观察他孩子的购物偏好，来挑选股票进行投资。如果您去商场，又或者是苹果、西尔斯、星巴克这类商店，请您观察往来的顾客是满载而归还是空手而回。您也可以与商店经理、雇员又或与顾客进行交谈，从而获得更进一步的投资线索。这是一个非常好的方法，去发现那些在未来有望成功的商店企业，当它们还处于雏形阶段。

但这并不意味着您应该立刻跑出商店，去买入这些股票，也不意味着您的所有股票都挑选零售行业。我只是希望给您点启发。您可以使用基本面分析，去发觉和研究目标公司的一切信息。您可以阅读年报，电话咨询投资者关系处，也可以登录公司网站查看更多的相关信息。

注意：很多营销材料几乎没有任何有用信息，在后面章节，您会学习

第 11 章 真实的基本面：如何分析上市公司

到如何查找有用信息，比如销售和收入结果，这可比阅读促销海报有用得多。

对于您根本不了解其业务的公司，或者还没有形成有效盈利模式的企业，您不会想要投资。理想状态下，相比竞争对手，公司业务模式应该尽量简单和便于理解，并能长期可持续。您也应该重点关注快速成长性行业，例如科技板块、制药、生物医学和零售板块，然后寻找发现行业中的翘楚，并对它们的数据进行分析和研究。

确定行业龙头企业

一旦您确定了所要投资的行业，接着您便会想要挑选出行业中最为优秀、盈利能力最强的公司，相较于竞争者。让我们假设下，您想要投资零售行业，因为您相信人们热衷于折扣商店。

说到零售商店，您脑海中浮现的是什么？沃尔玛、家得宝、塔吉特，这些耳熟能详的零售巨头们？完全正确，这些公司有着强大的品牌认知度和广告宣传力，我们称其为行业的龙头企业。如果人们从它们的门店里购买商品，公司的盈利就势必会提升，最终会有利于股价提高。一般作为行业中的龙头，它们往往有着卓越的销售和盈利能力，很少举债。如果您有幸发现这么一家，目前正在快速成长，并且未来有望成功的企业，那么恭喜您，因为在未来可能获得巨大盈利。但不是所有的小公司都会扩张和成长，其中不少更会倒闭和消失，您必须做足功课，学会分辨。

著名的财经报纸《投资者商业日报》会对各个行业的龙头股票的相对价格优势进行评分，分数从 1 到 99，越高则表明企业越受市场认可，而 90 分以上则可认定为优秀公司。

此外，您还可以在著名的《价值线投资调查》（该周刊拥有着相当庞大的信息量。几乎覆盖了所有股票的基本面信息，您可以去公共图书馆借阅或者直接付费订阅），发现很多优秀企业的信息。

与管理层沟通

许多使用基本面分析的大型投资机构,喜爱与企业的首席执行官和管理层进行沟通,来了解公司的实际运营状况。理想状况下,当他们与公司首席执行官进行交流,可以询问公司的业务模式、资金花费流向、行业竞争对手等诸如此类的问题,这都有助于投资者获得更多企业方面的一手信息。

因为专业的基金经理们往往持有(或者准备购买)上百万份公司股票,他们可以和公司高层取得进一步的联系。投资们都希望,公司的管理者具有创新意识和目光远大,因为这样可以让公司避免一些负面状况,比如过多负债、流失业务到竞争对手那边,或者惹上其他麻烦(诸如诉讼)等。

然而,个人投资者鲜有机会能与首席执行官或者其他公司高层直接接触,一起探讨公司的未来——即便您有机会,首席执行官也不可能透露任何负面消息。这也解释了为什么与管理层沟通是存在争议的。事实上,一些机构投资者宁愿研究公司的资产负债表,而不是与管理层进行面对面调研。

观察公司内幕人士

根据美国证券会条例,能接触到公司非公开信息的董事会人员和高层人士,或者持有公司股票比例超过10%的股东都可以称之为内幕人士。

您可以透过观察内幕人士买卖自家公司的动作,来获得一些投资线索。您可以在财经网站上查找公司内幕人士的交易动作,也可以在证监会官网(www.sec.gov)上查看,网站管理着电子数据采集分析和检索数据库,它包含了许多关于内幕人士交易行动的金融文件。

一些投资者会复制公司内幕人士的买卖行为,来创建自己的交易策略,毕竟内幕人士更了解公司未来的发展方向;但追踪内幕人士的交易策略也存在缺陷，因为有时候，他们买卖股票仅仅是由于个人原因，与公司发展毫不相关。此外，您不太可能即时得到内幕人士的交易信息，有时候交易3个月后，您才能看到相关新闻。

资产负债表：公司是如何运营的

资产负债表是公司财务状况的反馈与总结，当然表中具体的财务科目可能只有会计才会钟爱。要真正了解您计划投资的公司，则应该好好研究下它的资产负债表。资产负债表会告诉您公司成立以来的运营情况。

通常，许多人投资股票时，并不会花费时间去阅读资产负债表。记住，请不要随便花费几千美元去投资一家公司，除非您清楚了解它的状况，比如公司每年的盈利、成本和资产规模。您也需要将这些数字与它的竞争对手进行比较，这才是基本面分析的目的，找出行业中最为出色的公司。当您发现了公司盈利、费用和债务的真相后，您将会拥有更清晰的视角，来决定是否购买该股票。

资产负债表一般可以在年报的附页中找到。让我们快速看一下报表中一些重要的财务科目：

1. 资产，如现金、不动产、设备和应收账款
2. 负债，如已公告和未付股息、应付账款
3. 股东权益或者净价值（资产减去负债）

简单而言，资产负债表好比一张清单，上面罗列了公司所拥有和所拖欠的一切。报表给予了股东和投资者关于公司财务状况的直观印象。研究资产负债表的最好方式是与同行业的竞争对手进行比较。此外，您也应该看一下公司过去几年的资产负债表，以便预测未来。

只要公司不刻意隐藏债务或者负债，那么资产负债表能够让您了解公司真实的财务状况。然而，阅读报表是需要技巧的，因为一些公司会隐藏费用和债务，用来修饰它们的实际盈利。如果您是一名保守投资者，热衷于那些负有盛名、定时派息且在主板上市的公司，那您所关注的公司不太

可能隐藏债务。

只有少数一些经验丰富的专业投资者，才能发觉资产负债表中的不正常情况。一些濒临破产的公司，往往会给出虚假数据，以隐藏财务困境——如果投资者购买股票之后才发现公司即将破产，那就太迟了。

股神巴菲特从不投资自己不了解的公司。如果您深入研究了公司的资产负债表后，依旧迷惑于它的盈利模式，就请放弃，去投资其他公司吧。

损益表：公司当前运行情况如何

资产负债表主要告诉您公司从成立以来的财务状况，损益表主要告诉您公司当前年度的运行情况，它包含了很多有用的信息，比如公司的销售收入、经营费用和盈利水平。

损益表的第一行列出了公司的销售或收入：与公司前几年的数据进行对比，然后看一下公司盈利和收入是否增长。假设您偏爱成长型股票，就重点关注下公司每年的盈利增长，看是否达到了15%或者更多。

损益表的下一部分列出公司的营业费用，这是公司开展业务时所产生的经营成本，比如工资、广告费、员工培训费和采购新电脑的费用等。通常，损益表中还有一列研发费用，这指的是发展和发明新产品的成本。

接下来损益表的三个部分，都在表述公司的收入。您知道"底线"从何而来吗？它来自此公司的净收入（它在报表的最底部）：在扣除完所有费用之后，公司所赚的钱，就是净收入。

年报

对许多投资者而言，没有什么事情比阅读年报更加无聊的。年报由各家上市公司每年定期公布，这些报告通常十分冗长，往往有80页甚至更多，包含一些重要的财务文档，比如资产负债表和损益表，还包含一些公司战略信息，比如公司经营策略、营销和广告计划、销售策略和潜在风险提示，这些都对公司发展有着直接影响。通常，年报中还会有公司首席执

第11章 真实的基本面：如何分析上市公司

行官写给投资者或股东的一封信，介绍公司未来的发展步骤、过去的经营业绩和公司的战略定位等。年报还经常含有一些公共关系的信息。

除非您是一名专业的会计师或者律师，否则彻底读完年报就是件很艰难的事，经验丰富的专业投资者已经学会仅关注一些他们认为重要的信息，忽视其他部分。但对您来说，要具备一定的经验才能分辨哪些内容是重要的——注意，盈利和收入部分是不可忽视的内容。

几乎所有的企业都会片面地强调自身积极的一面，而淡化那些负面或者不利的内容。通常，吸引人的信息都隐藏在注脚之中。在这里，您可能会发现一些风险、持续的法律纠纷和一些其他问题。注脚中包含越多的负面信息，您应该越保持谨慎。如果发现有公司隐藏负面信息，您要立即对其保持警惕。那些知名的上市公司一般不会在注脚里面隐藏负面信息。

虽然阅读整个年报极其花费时间，但绝对值得，这项工作可以帮您了解您的钱投向了哪里。如果您是一位长线投资者，您想了解公司是否赚钱，债务是增加还是减少，是否管理层有一个成功的业务方案，这所有的信息都可以在年报中找到。

注意：现在您可以在网上找到上市公司的任何信息，因此，年报已经不是像过去那样必不可少了，但我依旧建议，在投资股票之前，请认真仔细地做好公司研究，包括理解年报中的内容。

如果您购买了某家公司的股票，您的经纪商会自动发送该公司的年报给您。即使如果您还没持有该股，也可以向公司（投资者关系部）要求发送免费的年报。

现在，我已经向您介绍了分析公司的途径，让我们更进一步：接下来，在您买卖股票之前，您需要学习基本面分析的工具。

第 12 章 基本面分析：工具和策略

基本面分析是使用一系列工具来评估和比较各个行业的股票。在您买入之前，需要确保公司的业绩优良，并且估值合理。基本面投资者通常会使用各种工具来挑选股票。虽然有数十种基本面指标和比率，我会给您介绍其中最为重要的一些。

比如，最有用的基本面信息之一就是每股盈利（EPS），或每股收益。

每股盈利：挑选优质股票的关键

不管您认为目标公司多么优秀，也不管您多热爱它的管理者，如果上市企业不赚钱，或者没有足够的收入来满足投资者，最终公司的股价还是会下跌。这也解释了为什么每股盈利如此重要。您可以在公司损益表的底部查找到每股盈利的相关信息，它位于净收入的下方（计算每股盈利的方法，一般是公司税前利润除以在外流通股数）。

资产负债表提供了一些有趣的线索，其中最主要的就是寻找盈利和收入。如果一家公司的盈利逐年上涨，并且预计未来还会持续增长（后面我会揭示预测未来盈利的利弊），那它就是您可以考虑买入的股票。

您可以在各种财经网站上，快速找到个股最新的每股盈利数据，比如雅虎财经，或者一些著名的财经期刊，比如《巴伦周刊》、《华尔街日报》、

《市场观察》。著名的财经报纸《投资者商业日报》，也会对上市公司每股盈利增长的相对强弱进行评分，分数从 1 到 99（99 代表最强，1 表示最弱）。

您还可以在搜索引擎中输入股票代码，并伴以关键词"盈利"，例如，如果您输入"IBM 盈利"，各种含有 IBM 盈利的网站就会立即显现——请确定日期，因为搜索结果会同时显示过去的和最新的信息。

注意：理解盈利是股市中的一块重要拼图，另外一块是股票的市价（因为我们不希望买得太贵）。我会在后面章节介绍股票价格。

如果一家公司的盈利相比往年增加很多，通常就会赢得更高的股价（更高的盈利和更高的市盈率）。因此，用当前盈利数据与前一个季度或者年度数据进行比较，来确定盈利增长率，是十分有用的分析技巧（一些公司会受到季节性的影响，季度之间的比较往往没有年度之间那么有效）。

注意：如果您想要选择最重要的基本面工具，您应该多关注公司的盈利。

盈利预估游戏

除了每股盈利以外，受雇于独立研究公司、负责给出买卖股票建议的股票分析师，会估计和预测公司的未来盈利。

通常，一只股票的未来盈利预计增长，则股价会沿着预期上涨。如果一家公司盈利超出分析师预估，股价往往会表现良好；但如果公司数据低于分析师的预测，即使是一个便士，股价也会下跌。有些时候，公司实际盈利超出了分析师公布的预估值，却没有击败"惠斯珀数"——一种非正式的盈利预计，一般不会对外公开。首席执行官们对于击败盈利预期充满压力，因为他们的年终分红都是基于公司每季度的运营状况，好在大多数的首席执行官都不是视野狭小的，而是更关注于公司长期发展和股东利益。

第 12 章　基本面分析：工具和策略

上市企业都不想让盈利低于预期，因为这会伤害股票价格，公司都倾向于引导分析师们做出最保守的预估。这就像一场称为"击败预估"的游戏。一方面如果分析师们的预估很低，而最终实际数据好于预期，这将会产生很多正面影响，股票价格则会趋于上涨。另一方面，如果一家公司的季度盈利没有符合分析师们的预估，则该股票很可能遭到抛售。在华尔街，任何人都想要的最后一件事情，就是意外，尤其是坏消息。

比如，如果一家公司预期每股盈利 0.10 美元，而实际每股盈利 0.15 美元（好于预期 50%），则股价很有可能会受到股东追捧；相反，如果公司预期盈利 0.1 美元每股（基于分析师报告），但实际盈利少了 1 个便士，则股价很有可能会下跌。

股票分析师

股票分析师的玩法是：客户们支付给大型经纪商的投行部门大笔资金，因此他们经常鼓励公司的分析师们看多这些代表公司。因此，分析师们很少对现有或者潜在客户说一些公司的争议或者负面信息。

基本上，投资银行集团就像是代表公司的啦啦队，而营销部门不希望投资者卖出他们所推荐的公司。因此，华尔街有这么多的"买入"建议，却鲜有卖出建议。

很多综合服务经纪商帮助新公司上市，这也是分析师们持续发布这些公司买入评级的原因。您真的认为他们会说出公司的负面信息吗？

更有甚者，分析师们会一直发布买入评级，哪怕是对一家业绩糟糕的公司，他们也会用"简单买入"的这种词汇来取代"强烈买入"——在华尔街古怪的世界里，从"强烈买入"降级到"买入"，都是深藏玄机的。

在分析师的游戏中，投资者能学习到很多内容。如果您打算在股市中投资，理解股票评级的升降以及分析师和投行之间的关系，是极其重要的，因为这种负面关系一旦被公开，分析师对股价的影响将不如以往。许多散户投资者购买股票的冲动，都是来源于分析师们的推荐，也有很多人会因此停止听信分析师。尽管如此，分析师们依旧对股价有着很大的影响力。

证监会已经谈到要消除利益冲突，而这些普遍存在于投行银行家和券商研究部分析师之间。然而，除非整个系统改变，您通常不能信任分析师口中所说的股票。

大部分的资金管理人会聘请分析师团队，对公司和商业模式进行评估。作为一名刚起步的投资者，您不能期待自己独立评估一家公司，所幸一些基本面工具可以提供一些线索，用来判断股价是高估或者低估，其中最广为熟知的就是市盈率。

理解股票比率

一些基本面工具，如市盈率（P/E）、市盈率相对盈利增长比率（PEG）、市销率（P/S）和股本回报率（ROE），可以帮助投资者确定股票是否估值合理。

市盈率：股票比率的鼻祖

许多人使用市盈率来快速观察股价是否估值合理。用股价除以公司每股盈利，您就能计算出公司的市盈率（或者称之为市盈乘数），来确定股价是否公平估值。许多人认为市盈率是衡量股票最为有效的方式，事实上，市盈率只是众多工具之一，帮助人们决定购买股票。现在，我们仔细看看如何使用市盈率。

比如，一只股票的当前售价为20美元每股，去年盈利2美元每股，则静态市盈率为10（20美元除以2美元）。静态市盈率之所以称"静态"，是因为使用了过去一年的盈利数据。如果预测股票明年获利4美元，则它的远期市盈率为5（20美元除以4美元）。远期市盈率是使用了分析师们的预估值，代表未来会发什么。

市盈率的好处在于，您可以简单且快速地比较相同板块之间的股票、不同板块之间的股票或者与整个市场对比。市盈率如何帮助到您？如果跟踪单个股票的市盈率，您可以看出哪些股票是被高估或者低估。使用市盈率是您开始基本面研究的起点。

事实上，一些投资者决定是否买入股票，很大程度是基于股票的市盈率。一些寻找业绩优秀、股价合理公司的价值型投资者，倾向于购买低市盈率的股票。沃伦·巴菲特就曾经说过，他只购买静态市盈率低于 10 的公司。

尽管市盈率十分有用，但它不应该是您购买股票的唯一理由。别被太多的实际数字给迷惑住，更为重要的是，比较相同板块之间股票的市盈率。一般来说，您可以使用个股市盈率对比行业或者整体市场，来快速判断股价是便宜还是昂贵。

寻找销售和盈利增长迅速公司的成长型投资者，不会介意购买高市盈率的股票，因为他们期待公司的盈利会在未来得到显著性的提高。如果一只股票的市盈率是 50，但正以每年 60% 的速度增长，那么它就是值得买入的"便宜货"。每个人都喜欢迅速增长的企业，股票需求一个更好的价格，或者一个更高的市盈率。

对于许多投资者而言，基于公司未来盈利预期而做出的买入决策，往往效果适得其反，特别是，分析师们的盈利预期经常过于乐观。如果您有一个良好的理由，对公司业务未来感到乐观，并且基于您自己的实际观察，那这就是一个持有股票的理由。

有许多关于市盈率的误解：市盈率低，并不意味着您应该买入股票；市盈率高，也不意味着应该避开该股票（尽管风险更高）。

注意：请关注整个市场的市盈率。通常，标普 500 指数的历史平均市盈率在 15 左右。如果数值飙升很高，也许市场正被高估。如果下降低于 15，也许整个市场正被低估。

概括：市盈率是选股方面一个有用的线索，但如果仅仅参照个股的市盈率或者市场的市盈率，而投入资金，这并不明智。

市盈率相对盈利增长比率：比市盈率更进一步

市盈率十分有用，但它并没有考虑未来盈利的潜力，于是市盈率相对盈利增长比率（PEG）应运而生。PEG 比率的计算，不是简单地把股价除以盈利（市盈率的计算方式），而是把市盈率除以公司预期盈利增长率。比如，一家公司的市盈率为 20，年化盈利增长率为 10%，则 PEG 就计算得出 2（20 倍的市盈率除以年盈利增长率 10）。

PEG 比率允许您决定公司价值的时候，同时考虑了市盈率和公司增长率。许多人认为 PEG 比率相比市盈率更为准确，因为它考量了未来的经济增长。

PEG 比率的使用方针如下：股票的 PEG 低于 0.5，是值得买入（低估）的，PEG 在 0.5 到 1 之间，是良好（公允估值）的，而股票 PEG 高于 1，则不推荐，尤其如果 PEG 大于 2（高估）。

记住，这个只是使用指导，不是绝对规则。

警告：您应该使用 PEG 比率作为计算估值的一部分，而不是仅仅依靠其（或者其他单独指标）来决定股票的买卖。对于最完整和准确的计算，建议您使用 PEG 比率，来比较相同行业板块内的股票。

PEG 比率的问题，与远期市盈率类似，因为它们的计算都基于盈利预估，但从历史回测来看，预估数据并不可靠。因此，您需要使用多种分析工具，来决定买卖股票。

市销率：曾经用于揭示收入

市盈率一般无法检验当前没有盈利的公司，一些投资者会使用市销率（P/S）来帮助评估股票，原因是，即使上市公司可以调整盈利，但无法操作收入。

市销率的计算公式是，公司的总市值除以去年的销售收入。按照公式，您要比较价格和销售收入。许多我采访过的共同基金经理告知，相比市盈率和PEG比率，市销率更为可靠。事实上，市销率已经流行多年，特别是估值股票的时候，用其比较过去业绩、其他公司或者市场，极其有用。

但是事情都在改变，指标也一样，我还采访了市销率的创造者、《福布斯》的专栏作家和作者肯·费雪，他说："我不认为市销率具备以前的作用了。当我过去忙于整理市销率的时候，当时没有其他类似的数据，所以那是令人兴奋的发现，在当时，互联网出现之前，查阅个股的市销率数据是十分昂贵的……"

现在，任何人都可以轻易取得股票的市销率，因此它失去了一些光泽，费雪说，就像其他的指标一样，市销率在过去一定时间段产生作用，但在一些特定的市场环境中，它的作用会停止。

这是重要的、需要谨记的内容。尽管各种指标是有用的工具，但请灵活使用，不要仅仅是因为一个指标发出了"买"的信号，而轻易向市场中投入资金；也就是说，在投资之前使用任何指标，都需要您自己的判断。

净资产收益率：衡量公司财务健康状况

净资产收益率（ROE，亦称股本回报率）是一个帮助衡量公司管理效率的工具。一些基金经理认为净资产收益率是测量公司整体财务表现的重要指标之一。净收入除以净资产，可以计算得出净资产收益率。请注意，该比率的使用不像其他指标那样清晰明确，因为您必须依靠一些主观变量来计算管理效率。

一般而言，净资产收益率高，表明公司资源使用更为高效，以及管理团队生产力更强；换言之，净资产收益率能让您了解公司是如何有效管理的。我们的目标是寻找那些净资产收益率和盈利都在不断增长的公司。

其他股票测量指标

除此之外，还有许多其他基本面测量指标，包括投资回报率（ROI）、负债股权比率、市净率（P/B）、资产回报率（ROA）、每股现金流和股息收益率，这些基本面工具的目的是帮助投资者分析企业与它们的股价相比价值是否合理。

基本面分析的问题

我希望我能告诉您所有您需要知道的基本面内容，以便帮助您挑选赚钱个股，但分析市场就像是解决一个拼图游戏，需要面对很多问题。

基本面分析的最大问题是，即使公司的基本面是一流的，但股价依旧可能下跌。市场下跌是由多种原因构成的，而不一直是因为基本面因素。供给和需求、恐惧和希望、价格和成交量，这些因素都能影响个股价格。

基本面分析的另外一个问题是，您必须依赖上市公司所提供的信息和资料，如果公司捏造数据，或者不完全真实，则未来盈利预测将完全失效。

还有一个问题，首席执行官们一般会给出一个过度积极的财务数字。如果公司给出过度乐观的盈利预测，则数据分析结果将会被误导——您需要一名技巧高超、知识丰富的会计，来发现这些会计业务方面的舞弊。

接下来的问题是，您对公司未来前景所做的假设很难得以证明。此外，基本面分析没有考虑心理因素对股票价格推升的影响，比如，即使基本面分析显示，许多股票已经价格高估，但在牛市中，也无法阻止它们屡创新高。

最后一个问题，基本面分析是极度耗时的，大多数的个人投资者无法花费大量时间，也不具备足够的知识，来对公司进行正确估值：专业的资金管理人在买入股票之前，会雇佣分析师团队，对上市公司进行深入的基本面研究，个人投资者不得不依赖一些从华尔街流传出的研究报告，但这些往往是口头相传或者通过互联网，是有偏差的——严格地讲，在网上读到的任何匿名信息，都是不可靠的。

经济指标

不同于研究个别企业，许多专业投资者使用经济指标对整体经济进行预测。经济指标可以洞察经济走向，还可以帮助我们确定是否已经步入经济衰退期，哪些国家值得投资，甚至是该买入股票、债券还是手握现金。

当某些经济报告向公众发布，股票、债券、汇率会即时给出反应。这些经济报告（比如失业率报告）在上午8点30分公布，观察下会发生什么：期货市场会立即做出反应，随后反过来影响股票市场的开盘。

虽然每周、每月、每季度有数百个经济指标公布，但其中只有少数一些是有用的。根据经济学家和畅销书作家伯纳德·鲍莫尔的观点，三大经济指标是：

1. 供应商管理协会（ISM）的制造业和非制造业指数
2. 私营部门就业
3. 个人支出

月度 ISM 报告反映了制造商们的新订单，这会带来更多的产品。ISM 指数给出了关于经济状况的先行观点。

此外，美国劳工统计局每月公布的就业数据，足以影响整个市场的方向。这份报告会给出实体经济的一手数据，它告诉我们，企业是否对未来销售有足够信心，来招聘全职或者兼职员工。

最后，个人支出数据同样至关重要，该统计是由美国商务部每月公布。如果消费者购物不积极，则经济会面临快速收缩的风险，毕竟，消费支出在国家经济体中占据了 70% 的比重。

美国人是否对他们的财务状况充满信心，去购买大件商品，比如汽车、电器和平板电视？如果是的话，这将促进经济活动，并很可能带动股票市场；但另一方面，如果人们越来越担心未来的工作保障，则会尽可能缩减开支和储蓄资金，这会妨碍经济增长和挤压企业利润。这些重要的经济指标一旦在某天公布，市场便会大幅波动（预期结果）。

注意：如果您要了解学习更多的经济指标，请阅读伯纳德·鲍莫尔的书籍《经济指标的秘密》。

政府报告

还有许多政府报告值得密切关注，比如，国内生产总值（GDP）是一个季度报告，用来衡量经济体所生产的物品和服务总值。国内生产总值十分有用，是实体经济状况的晴雨表。

更高的 GDP 变化显示出越快的经济增长。如果 GPD 增长速度超过 3%，表明经济是在正确的轨道上运行；如果速度低于 3%，则说明商业活动低迷，大幅裁员将接踵而来；如果 GDP 增长速度变为负数，则经济已经滑入衰退期（定义为 GPD 连续两个季度或以上增长为负）。

政府有着自己的方式去测量商品和服务价格是上升还是下降，比如，用消费价格指数（CPI）来衡量价格变化，例如住房和服饰。一些人们倾向于称其为"通胀数字"或者"生活成本"指数。如果 CPI 指数上升，意味着通胀正在上涨。

生产者价格指数（PPI）通过测量大宗商品价格的变化，来衡量通胀上升或者下降。其覆盖范围包括各种原材料成本，比如钢铁和铝，批发商成本和最终成品。如果原材料成本或者成品价格上升，消费者最终会在超市、百货商店和加油站中花费更多。

现在，您已经对基本面分析有了大致了解，让我们看下另外一种股票分析方法：技术分析。

第 13 章　走向技术分析

如果您想要了解市场，保持开放的心态就十分重要；换句话说，在您买入或卖出股票之前，需要熟悉基本面分析和技术分析。即便您对于短期交易策略并不感兴趣，学习如何使用一些最基本的技术工具，亦将对您有所帮助，这也是我接下来要为您介绍的。

所有的工具、图表和模式，加在一起数以百计，想起来真叫人头皮发麻，但以我的经验，您真正需要的技术指标并不多。作为一个投资者，您可能并没有时间来研究技术分析，但您确实需要一种迅捷的方法，以判断您在股票上的选择是一笔好买卖，还是一个巨大的错误——技术分析可以为您提供一些见解作为参考。

关于技术分析，具有讽刺意味的是，它有时一点都不技术；事实上，技术分析通常比基本面分析更容易看懂。

您是否听过"一张图表胜过千言万语"的说法？如果听说过，那么您就会深深体会到技术分析的作用，它通过使用图表和趋势线来帮助您确定，哪些股票应该买入或卖出，不仅如此，您还可以使用各种市场的数据指标来分析整体的市场情况，这样做的目的，是要确保您的股票操作能够以各种参数为基准，而不受您的情绪所支配（在现实中，无论使用什么样的技术工具，许多投资者和交易员往往还是会过于情绪化）。

注：我曾经写了一整本关于市场指标的书，叫做《市场指标大全》，专门

针对初涉股市的投资者。我访问过那些最受欢迎的指标的创立者，相关的访谈内容也收录在书中，并逐一解释了这些最受欢迎的指标的最佳使用方法。

什么是技术分析

观察一张图表所体现出来的股票的前期走势，您就可以对其未来的走势做出预测，这就是技术分析。周期越短，您的预测就会越精准，至少理论上是这样。

基本面分析是研究能对上市公司及其长期经营造成影响的数据，而技术分析则是对股票价格波动的研究，并不涉及公司本身的基本状况及其经营业务运作的情况。短线交易者主要依靠技术分析来制定买入和卖出的决策，虽然少数交易者也会参考基本面分析。在我看来，用技术分析来核查验证自己的选股策略，将有助于提升许多投资者的投资成效。

尽管如此，需要牢记在心的是，技术指标和图表仅仅只是工具——无论您采取什么方法，无论您的软件与设备如何精良，都不能保证使用它们就能让您成为交易的盈利者。投资获益这件事，在很大程度上取决于您投入了多少努力，去了解和掌握这些技术选股的方法。

走势图

技术分析的关键是走势图，虽然它不是完美的工具，但在熟练的技术人士看来，对于人们在何时买进卖出，走势图能提供重要的线索。在技术分析师的心目中，观察走势图，就像一位外科医生在给病人做手术之前得查看心电图一样。

您可以使用走势图来帮助自己对各种关于股票价格的数据进行估算（即做出各种走势预测），至少能提升交易成功的概率。

我们查看走势图的最重要原因之一，是它可以将您的情绪挡在决策过程之外：您可能非常喜欢某家公司及其首席执行官，但如果走势图显示这只股正在走弱，并且有下降的趋势，您多半应该对该公司敬而远之。

任何公司的走势图都很容易找到：所有金融期刊和每个财经电视台节目，如 CNBC、彭博、福克斯商业新闻、雅虎电视，都能提供股票的走势图。媒体很早以前就发现，要向公众展示一只股票的走势，最简单的方法之一，就是以图表的形式显示其价格运行的历史。

要查看一张走势图，首先您需要选择一个时间段。您可以选择一个短的时间段，如几分钟、数小时，或是一个交易日的走势图，有的交易者喜欢较长的时间段，如每周、每月或年度走势图（日线图是最受欢迎的），有的交易者会同时看好几张走势图，每张都有不同的时间段。

注意：三个月图即季线图，是在大多数走势图体系中默认的时间段。

基础知识

除非您打算全天候从事股票交易，否则您就应该集中精力学习那些最重要的图表模式。接下来我将介绍如何开展技术分析，并介绍一些交易者们常用的工具和策略，稍后我将向您展示如何把技术分析和基本面分析纳入您的交易日（或交易周）。

曲线图、条形图和蜡烛图

股票的图表分为以下三种主要类型：

曲线图

曲线图基本上用于显示一只股票在一个特定时间段里收盘价格的波动，它用一条曲线连接起表示收盘价格的各个点位。虽然曲线图让人一目了然，并易于理解，但却并不受经验丰富的短线交易员们的欢迎，因为曲线图不能提供更加丰富的信息，它只有同其他技术指标结合起来才最具使用价值。尽管如此，由于曲线图优越的视觉效果，股票分析师们还是都倾向于在电视节目中使用它们。图 13-1 就是一张曲线图的示例。

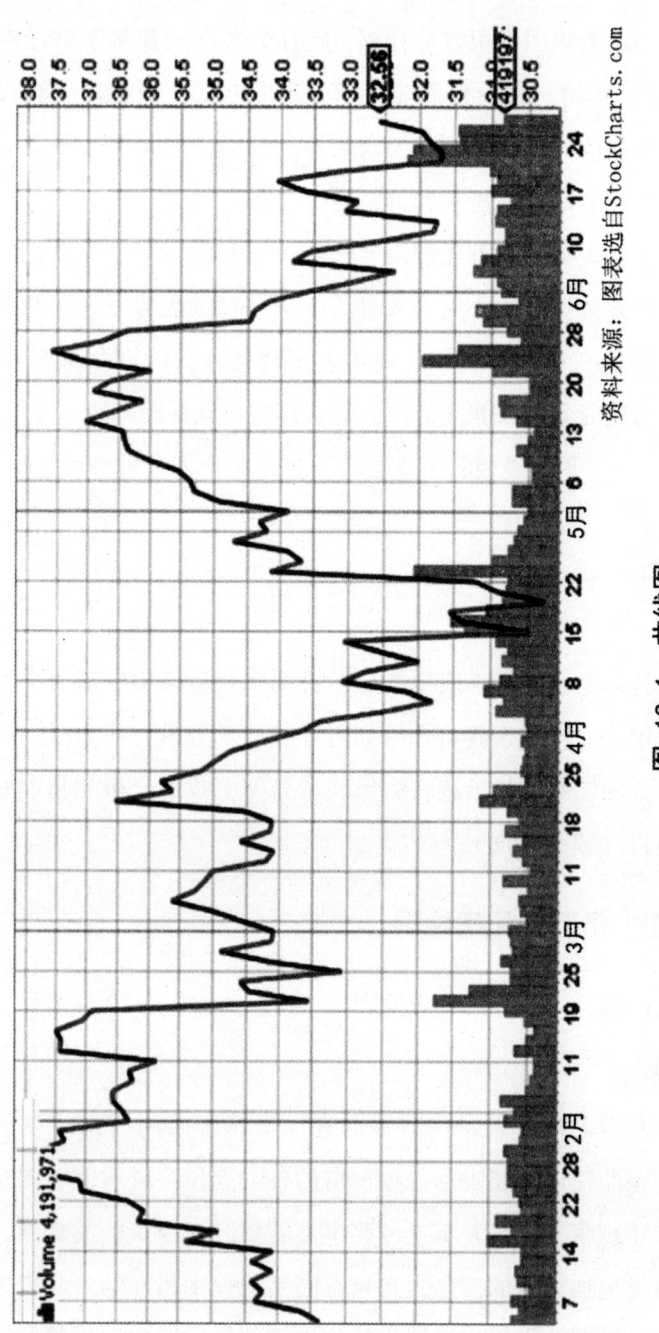

图 13-1 曲线图

通过上图数据您可以看到,股票在反转之前,股价曾最高达 37.50 美元。请注意图表底部表示成交量的柱状条形图案,它们能告诉您在此价位上买入卖出的成交量较先前是增加还是减少。从技术分析的角度看来,一只股票的价格走势出现了方向的反转,这时反转的原因并不重要,值得关注的仅仅是反转的出现,及其同期是否有量能的配合。举例来说,股票价格上扬,再配以成交量放大,表明有更多的买家和资金进入,这对于该只股票来说是一种积极的利好现象;相反,股票价格下跌同时配以成交量放大,那就是负面的利空现象了。很有可能是那些大机构,如某些对冲基金公司或那些养老基金,在背后操纵着股市的涨跌起伏。

条形图

条形图在一些短线交易者中颇受欢迎,因为它便于理解,也容易使用。在条形图的底部,横轴数值表示特定时间段(在图 13-2 中,整条横轴范围为三个月),纵轴数值表示股价,而各小条则是该时间点价格波动的区间。

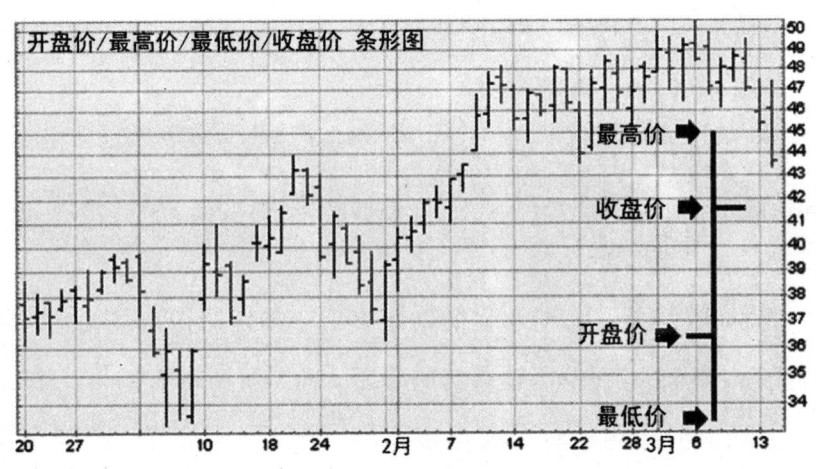

资料来源:图表选自 StockCharts.com

图 13-2 条形图

举例来说，小条顶部高度就是当日该股的最高价，而小条的底部则表示当日该股的最低价；小条上还附有两个小横杠，向左的小横杠代表着该股的开盘价，向右的小横杠代表着该股的收盘价。

您一眼就可以看清股票的收盘价是高于还是低于开盘价，一般来说，如果股票收盘价高于其开盘价，那就是好兆头，尤其如果收市前有量能放大的配合。

蜡烛图

蜡烛图，即我们常用的 K 线图，起源于 300 多年前的日本，当时日本粮食市场上有位叫本间宗久的商人，他每天仔细观察米价的市场变化。为分析预测米价的涨跌规律，他将米价波动用图形记录下来，这就是 K 线最初的雏形，本间宗久凭借这一方法而发家致富。后来，蜡烛图被迅速推广到股市，并向世界流传。1990 年，美国人史蒂夫·尼森以《阴线阳线》一书向西方金融界引进"日本 K 线图"，立即引起轰动。尼森在《股票 K 线战法》书中首次向西方金融界展示了日本长期以来具有强大生命力的 4 种技术分析手段，破解了日本金融界投资人的秘密，充分展示了蜡烛图、三线反转图、砖块图、折线图的魅力。

蜡烛图是最古老的技术分析形式，受到广大交易者的欢迎，因为它展现的信息很丰富，甚至包括任何特定时间的市场心理，良好的视觉效果也是其受欢迎的原因之一。

交易员们认为，理解市场的情绪有助于确定未来市场走向，学习蜡烛图，则可以帮助您看清市场的心理动向。使用蜡烛图的目的之一，就是赶在大的市场逆转之前退市出局。图 13-3 就是一张蜡烛图的示例。

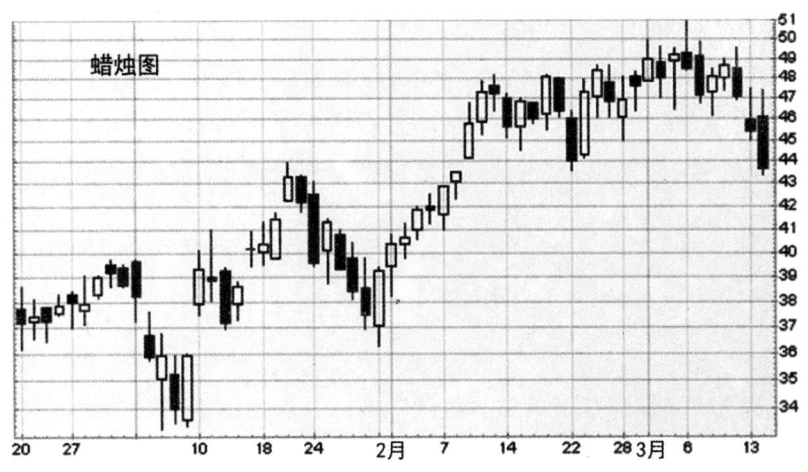

资料来源：图表选自 StockCharts.com

图 13-3　蜡烛图

蜡烛图主要由两部分构成：首先是一个独特的矩形部分，我们称为"实体"，实体上下的线条分别称为"上影线"和"下影线"，上、下影线分别代表一个交易日的最高和最低成交价格。研究一下蜡烛的形状、上下影线的长度以及蜡烛的实体是满还是空，您就可以看出多头和空头之间谁是当天较量的赢家。

举例来说，如果这一天由多头占主导地位，您将看到个由低走高的白色实体（在中国 A 股市场这表现为红色实体——译者注），而如果空头于主导地位，您就会看到一个由高走低的黑色实体（在中国 A 股市场这表现为绿色实体——译者注）。此外，您还需要研究成交量（成交量在蜡烛图的底部），这有助于确认股市的价格波动。

在所有技术型交易员特别注重的标识之中，十字星可能是最常见的：它用小而细的上下影线，展示出大体相同的开盘价和收盘价。十字星代表市场走向不明、难以确定（见图 13-4），十字星的十字，就代表市场前景处于十字路口。

十字星

资料来源：图表选自 StockCharts.com

图 13-4　十字星

您是否应当仅仅基于蜡烛图就做出买入和卖出的决策？非也。识别某种代表市场情绪的模式之后，您还需要将其与传统的技术指标结合起来，进一步确认。蜡烛图是有用的工具，但请不要仅仅依赖蜡烛图的信号就决定买入或卖出。

注意：如果您有兴趣进一步学习蜡烛图，推荐您参阅史蒂夫·尼森编写的关于日本蜡烛图技术的《股票 K 线战法》一书。

趋势线

虽然前面我们讨论过趋势线，在此我们要更进一步加深认识。在股市中，我们制作图表的主要目的之一，就是在前期能尽早地识别出一轮趋势。简单地说，股市中的趋势是指股票价格的移动方向，或在某一段暂时不确定长度的时间范围内，预测股票的移动方向。股价走向不会是一条直线，因此，辨别这个走势是抑是扬才显得如此重要。

您可能还记得，股价的趋势共有三种类型：上涨趋势、下跌趋势和横盘整理。进入股市的目标，当然是参与上涨趋势，同时避免下跌趋势。技术人员有句口头禅：趋势是您的朋友（直到它跟您翻脸）。理想的状态是尽可能长时间随波上涨，直到多方气数殆尽。但是，趋势的改变并不那么容易被识别。

下面，让我们更仔细地分析一下三大趋势。

下跌趋势

在下跌趋势中，股票总是越走越低，有时股价低到一定的程度，以致引发暴跌。如果您持有处于下跌趋势的股票，恐怕您就在赔钱了。在本章稍后的部分，我将向您介绍各种支撑位，当您的股票处于下跌趋势，但并没有跌破支撑位（即买家之前为保股价而入场时的买入价位）时，不要持有时间过长——跌破支撑位，可能就是您卖出股票的理由。

对于看涨的投资者和交易员们来说，下跌趋势总是令人沮丧的。如果您在下跌趋势开始时能将它识别出来，最好是放空或减少您的仓位，特别是当下跌趋势的出现还伴随着高成交量（这意味着很多人都在卖出）之时；而如果一只股票处于下跌趋势，并且已经持续了一段时间，这也是那些抄底的投资者们寻求入市机会的时候。

几年之前，人们在下跌趋势中购入股票，因为他们估摸着下跌趋势只是暂时的。这种积极的策略也起了一定的作用，直到真正可怕的熊市降临。无论您如何解读技术分析，只要您对技术图形的提示视而不见，就一定犯下了错误。

图 13-5 是下跌趋势中一只股票走势某一阶段的截图。

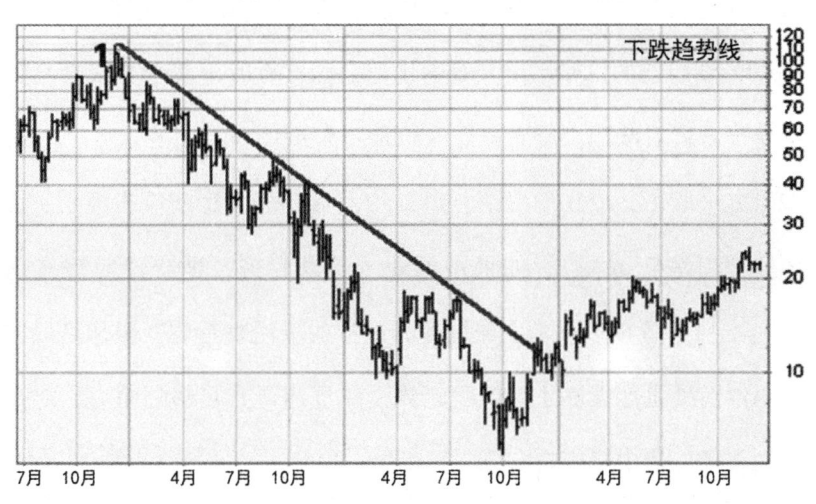

资料来源：图表选自 StockCharts.com

图 13-5　下跌趋势

上涨趋势

一只价格不断攀升且已上行了一段时间的股票,就是处于上涨趋势中的股票。对许多交易者们来说,追随一波上扬行情是最简单也最能盈利的策略。短线交易者喜欢购买有上扬空间的股票,因为他们能够依赖技术分析来决定买入和卖出(和一般低买高卖不同的是,交易员们可能会高买和更高卖出)。

交易员们会查阅大量资料,以帮助确定一只股票是否有足够的动能来持续走高。如果一只股票价格上扬,并伴随着成交量的放大,我们就能大胆假设:许多人包括机构投资者们都在买入。

一轮牛市行情之中,许多股票都会处于上涨趋势,这种上涨趋势可以持续几个月甚至数年之久。当然,这种时期我们面临的挑战就在于,要确定上涨趋势会持续多久:有时股票向上移动得太快,它们就会"飙升"——突破当前的价格水平并戏剧化地上涨;有时上涨趋势又会戛然而止。不要当永远看涨的交易者,您应该跟随K线图所显示的趋势。

如果整个股市,或您的股票,正处于上涨趋势,您就应当买入(这就是所谓的"追涨"战略)。如果市场处于下跌趋势,则应转而持有现金(或者叫卖空),等待下一个上涨趋势。这样的事说易行难,但却可以非常有效,当然前提是您能够正确识别趋势,并且还得有足够的耐心,能在变幻莫测的市场行情中坚定持有。

图13-6是上涨趋势中一只股票走势的阶段性截图。

资料来源：图表选自 StockCharts.com

图 13-6　上涨趋势

横盘震荡趋势

最令人沮丧的事，莫过于眼看着多只股票（或整个股市）一会儿上升，一会儿下挫，最终收盘在买入价附近——这就是所谓的横盘震荡趋势。

这种横盘震荡的格局很难预测走势，但这只股票的价格总是会保持在一个狭窄的范围内，它是那样地无规则随心所欲，以至于很难预测这只股票之后的走向。通常在横盘的格局下，成交量非常低迷，但横盘整理的格局可能是一种征兆，表示之前的趋势即将结束。

虽然在横盘整理的格局中很难买卖股票，但有时候，"最甜蜜"的利润却来自经过了一段时间的横盘整理（交易员会称之为该股票在筑底）突然爆发的猛烈上涨或下跌。当然，要拿到这些"甜蜜"的利润，困难之处在于得琢磨出一轮新的（上涨或下跌）趋势从什么时候开始。横盘震荡整理的格局太具有挑战性，相对于投资者来说，这种格局更适合由交易员们来把握。

注意：是否具备评估整个市场行情的能力，是您作为投资者或交易员能否成功的关键之一：如果您能够识别趋势，您就能更好地把握投资时机，选择恰当的股票或是指数进行交易。我非常着迷于牛市、熊市、横盘震荡市，为此还写了一本新书，《预测下一个牛市或熊市并成为大赢家》。

趋势反转

技术分析的挑战之一，就是确定眼前跌股票趋势已经到头了，方向可能反转。事实上，技术人员一直在不断寻找"突破"的趋势线，标志着一种趋势反转。图 13-7 就是一个已经反转的股票指数走势示例图形。

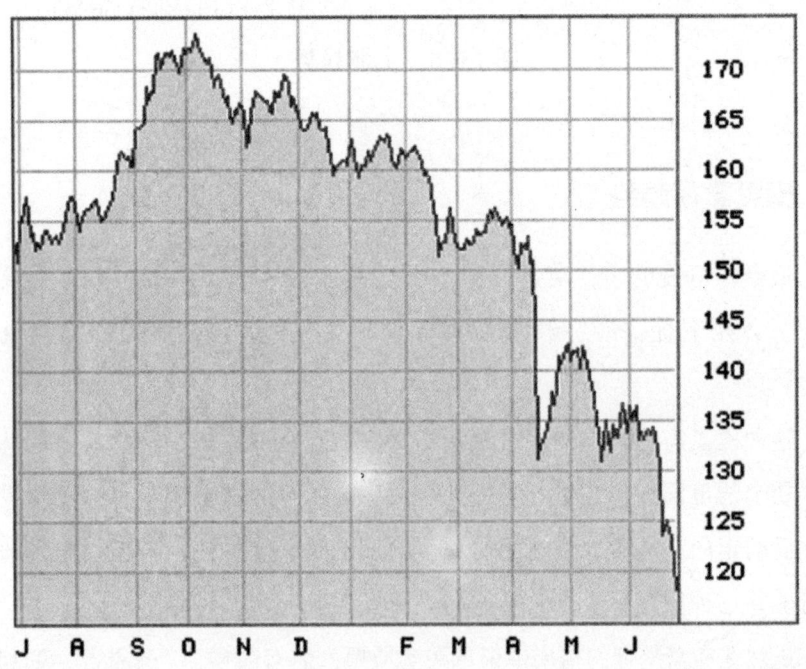

资料来源：富达投资

图 13-7　股票价格反转

短线交易者特别关心的，并非该股票趋势反转的原因，他们只是关心该股票反转趋势的确立。在早期阶段有效识别这种趋势的反转并买入该股，很可能给交易者带来巨大的利润。在这种情况下，持有这只股票直到本轮行情结束，应该会带来最大化的利润，当然前提是，假设交易者有能力识别本轮行情的结束，以便及时卖出。有经验的交易者们，总是在不断地寻找更多类似的交易机会。

在一段趋势形成逆转行情之前将其成功预测，是极其困难的，但间或也还是有征兆可循。举例来说，当一只尚处在上涨趋势中的股票看似后继乏力，并且股价下滑跌破移动平均线（关于移动平均线的内容，我将在第14章阐述）。一旦您捕捉到反转趋势的产生，请使用除了移动平均线之外的其他技术指标，进一步确认您的分析的正确性，并确保此轮反转趋势不仅仅是一个短期的反弹。一种趋势已经持续了很长一段时间，并不意味着它一定会逆转，长期趋势线也是常见的。

但是，一种趋势的结束并不总是显而易见的。从一个正在盈利的股票价位上急流勇退，需要坚定的信念和勇气以及解读各类技术图表的能力。

如果您确实难以决策，不妨考虑先卖出一半的仓位，等您不能确信当前趋势仍将持续的时候，再卖掉剩下的另一半。在股票市场中，为了赚到钱您并非一定要在顶部出仓。切记不可太过贪心。当一种趋势结束时，大多数人并且尤其是媒体，总是不肯相信的。

例如，当一轮上涨趋势结束时，绝大多数人都还会鼓动您继续投资，但是这些人并不会识别技术图形，也意识不到趋势结束的各项征兆，他们信誓旦旦地声称，以前的牛市行情仍旧安好无损。当一轮上涨趋势已然结束时，要出仓折现，落袋为安；当一轮下跌趋势已然结束时，应该着手开始买票建仓。这些决策执行起来都是需要勇气的。

离场时机过早也是易犯的错误。无论如何，您应当务必基于技术参数和各类图表来做出决策，而不可简单听信所有其他人的说法。在所有其他人纷纷预警市场将面临回调或崩溃的情况下，坚持判定走势仍处于上涨趋势中并继续持仓，是需要勇气的。无论是以上的哪种情况，您都必须严格遵从自己分析思考得出的正确结论，而不可受媒体或自以为是的熟人的影响。

除此之外，您还不能固执己见。有些时候即便是技术图形，也无法传递明确的信息，在这种情况下，您完全可以通过套期保值的方式，采取保守战术，或者选择获利了结。我当然希望股票交易比我的描述更为轻巧容易，但其实不然。许多人转而避免进行股票交易，简单地采取一种"买完就忘"的股市哲学，这种战略在牛市周期内却能行之有效，但在熊市周期内则会给自己造成巨大的创伤。

支撑位和阻力位

对于交易员们来说，识别和确认技术图表上的支撑位和阻力位，是非常重要的。下面，让我们仔细解读这两个概念。

支撑位：意味着买家正赢得战斗

一旦了解了支撑位和阻力位，对于股票买卖的时机，您将会有更好的决断。无论使用哪种技术分析方法，支撑位和阻力位始终体现在股票的技术图形上。然而，要成为一个成功的投资者或交易员，您需要理解如何确定支撑位和阻力位。

支撑位的工作原理是：当一只股票下跌时，一旦有足够的买家在某个价格上购入该股，就"支撑"住了该股，避免该股进一步下跌的价位。"支撑位"是指以前股票价格的下跌至此获得支持的位置，其理论依据就是：在相同股价上既然能持续不断获得支撑，就可以认为对该股票的需求已经强大到足以防止价格进一步下跌——买方暂时掌控着市场。

支撑位往往处在美元的整数位，因为人们倾向于在整数位买入股票。看走势图时，您经常可以通过研究股票以往的表现，来发现其支撑的程度。让我们使用图 13-8 所示的季线图，来演示每股 60 美元的支撑位。

如果该股票实际跌破每股 60 美元并继续下跌，技术分析人士会说该股票"破位"。这种情况的发生，对买方不是一个好兆头，它意味着没有足够的买家能在此价位支撑该股。支撑出现"破位",就是明显的卖出信号。

然而,该图中的股票守住了支撑位,并没有破位。在技术分析师们看来,无论基本面多么好,或您多么喜爱这只股票,当其放量下破支撑位,就到了卖出的时候。

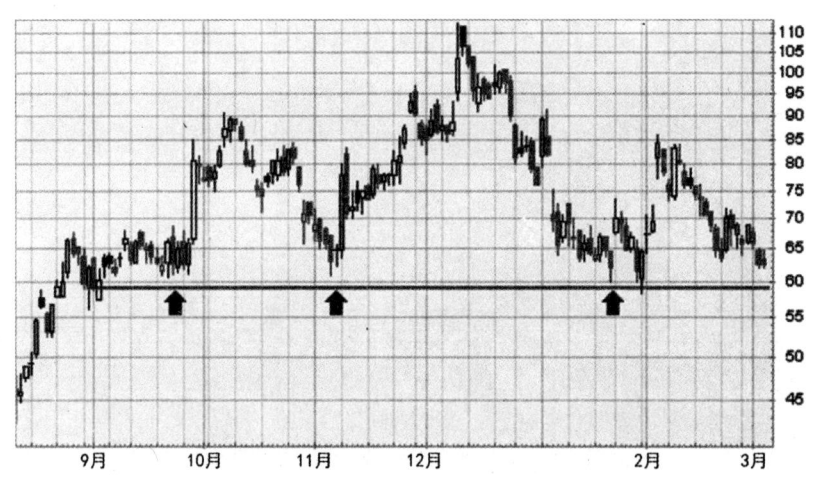

资料来源:图表选自 StockCharts.com

图 13-8　支撑位

阻力位:意味着卖家正赢得战斗

当股价持续上涨,在上涨过程中会出现卖家以某种价格抛售股票,压制了股价的进一步上行——阻力位就是一只股票停止上升、并被卖方力量临时控制时的价格水平。当股价再也不能推高时,交易员们抛售他们的股份,转而看跌:没有足够的需求推动股价再有任何的上涨。图 13-9 所示就是阻力位的一个示例。

在此示例中,股票四次试图冲破每股 75 美元的阻力位,卖家一次又一次压制住股票向上的突破,迫使其后撤到每股 60 美元的支撑位。

卖家怎样"阻止"股价不断走高?他们其实并不能阻止它,但他们相信股票会在阻力位被持续抛售。在买方阵营,也可能会有足够数量的买家来承接抛售的所有股票,并继续收购更多的股份,否则阻力位有效,卖方获胜。然而,一旦卖方放弃持续抛售股票,则股价上穿阻力位,买方变盘实现突破。

在图 13-9 中,如果该股已能够上穿到每股 75 美元以上,技术分析师会说该股已"突破阻力位",并将其认定为一个重要的买入信号,这表明由于股价不断拉高,该股已经走强,可以买入。股票突破阻力位并迭创新高,是常见的走势(很多专业的交易员会一直等到股票下破支撑位或上穿阻力位之后,才下单交易)。

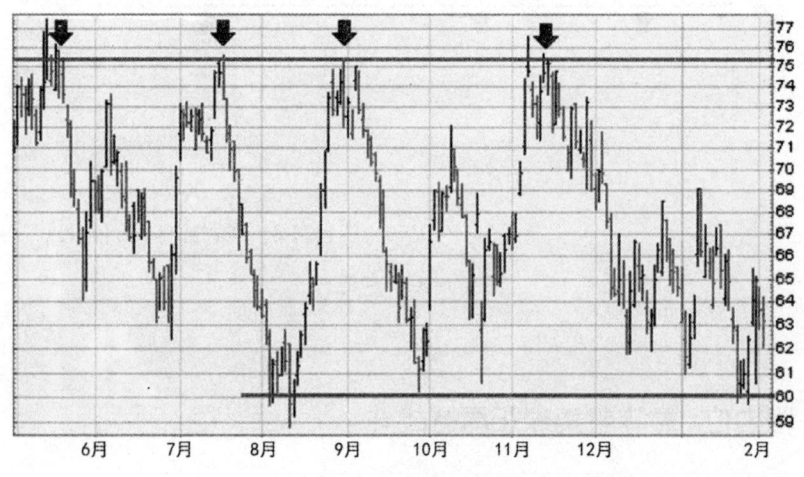

资料来源:图表选自 StockCharts.com

图 13-9 阻力位

警告:虽然可以通过技术分析,找到特别出色的股票,但真正能掌握这一技能并不容易。一个新手交易员偶尔实现了两个获利交易,就以为自己已经成功掌握了技术分析,这种情况倒是屡见不鲜。

以下我们就举例说明,技术分析为何出现差错:一只股票冲破了阻力位,并有望迭创新高,然而当您下买单后,该股也会突然反转,并出现巨幅暴跌,虽然从技术分析的角度看来,似乎很容易生成买入信号,但在现实世界中,有些信号并不真实;如果每个信号都是真实的,每个人又都愿意使用技术分析的方法,那在买入信号发生时,就没有卖家了。

股票运行模式简介

技术分析师总在不断寻找股票的运行模式,以期有迹可循地预测股市的未来走势。同样的股票运行模式之所以能反复出现,原因之一就是人们倾向于犯同样的错误,例如,在熊市结束的最后一轮恐慌中抛售,或在牛市已经到头之际抢购股票。

"随大流"是人的本性,在牛市的末期,投资者们倾向于贪婪;在大盘的底部,他们又会变得胆怯。这些情绪经常显示为技术图表上的走势形态。股票运行模式也由此成为另一种工具,技术分析师用它来评估广大投资者的投资交易行为。事实上,频繁出现在技术图表上的运行模式如此丰富,以至于技术分析师开始为这些模式命名。

虽然这些图表中的模式并非万无一失,但它们真实有效的比率,已足够技术分析师们以其作为交易决策的判定基础。在知识渊博经验丰富的交易员手中,确定股票运行模式可用以避免灾难性的损失,但这些模式不易识别,尽管如此,您不应该停止尝试一些基本的模式,当然,您不可仅凭在一个图表中看到的一种模式,就做出投资决策——技术分析师会使用多种其他工具,进一步确认该模式是否有效。

头肩顶反转形态(看跌)

头肩顶形态是经常出现在技术图形中的空头反转模式,它表明股票争购已经停止,上涨趋势即将在其顶部改变方向。观察图 13-10 中的形态,您会发现该形态的确很像头部和双肩。

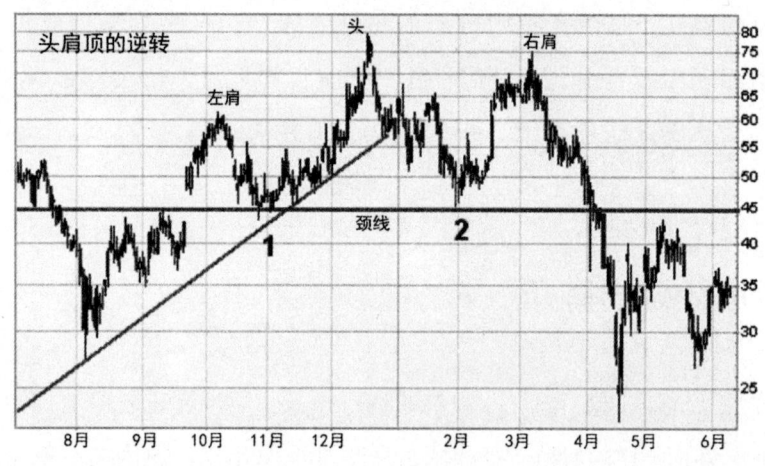

图 13-10　头和双肩的逆转（顶部）

　　股票运行至较高位，但被拉回形成左肩，然后反弹至更高位形成头部，似乎看涨，然后却退回到其支撑位或颈线位，即两个支撑位的平衡点。接下来股票再次上升，形成右肩，但未能突破阻力位。头肩顶是出逃的机会。您需要盯紧颈线位，因为一旦股票价格跌穿颈线，在形成右肩的上升阶段，短线资金还可能有利可图（长线资金可以在此阶段平仓，从而减少损失）。颈线位被打破，表示股票的上涨趋势已经结束，并形成向下反转。此外，该模式的交易量也会不断递减至几近消失。然而，一旦股价低于颈线位时，股票的暴跌反而会带来交易量的增加，这样的结果也在技术分析师的预料之中。

双底形态（看涨——底部像个 W）

　　双底形态是另一种常见的反转看涨模式。在下跌趋势的后期，股票两次试图打穿支撑位未果，导致支撑价位抬高，上穿颈线位。这种形态完成后，趋势就会化跌为升。这种情形不太可能快速发生，因为在上涨行情爆发前，股票可能需要几周或几个月的盘整巩固。

　　虽然这是一种很容易辨认的形态，但双底并不总会给出"开始买入"的行动信号。因此，需要在进行交易之前通过其他技术指标来确认该模式。图 13-11 是双底的例子，如果股票没有出现爆发行情，它还可能会再次下探至该起点线，形成三重底。

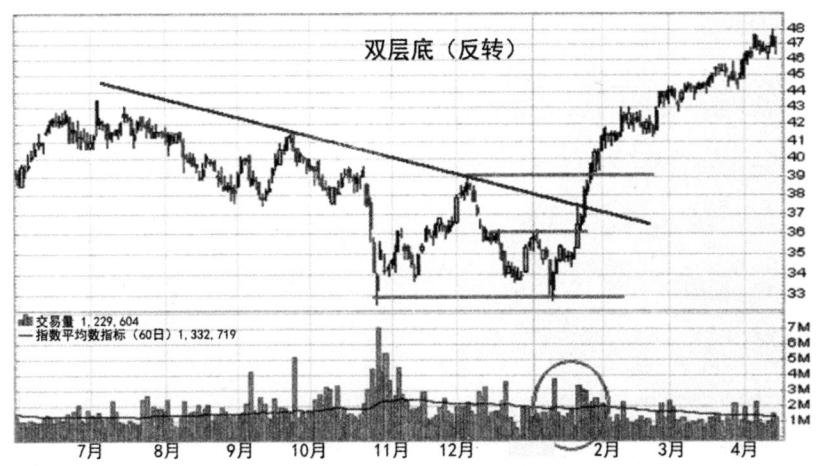

资料来源：图表选自 StockCharts.com

图 13-11　双层底

双顶形态（看跌——顶部像个 M）

双顶是另一个常用的看跌形态，又称"双重顶"或"M"头，显示两个峰值止步于同一价格水平，即在一轮上涨趋势的后期，股价两次冲高均未能突破上方阻力位。一旦股票试图在第二回合突破顶部，股价伴随抛盘下挫无功而返，就形成了完整的双顶形态。在完成这轮趋势从上扬到下挫的转变之前，股票还可以横盘整理几周到几个月的时间。一旦双顶形态确立，就成为一条看空的线索，暗示着您的操作需要从买入切换为卖出。请注意伴随着趋势变化所出现的量能放大。

如同双底形态一样，双顶通常也并不发出明确的操作信号。双顶较容易被发现，但您应该参考其他技术指标，共同对其加以确认。图 13-12 就是一个双顶形态的示例。

缺口形态

简单地讲，缺口就是出现在股价走势图形中的"断层"形态：无论基于什么样的原因，在某一段特定的价格区间，没有任何股票交易，股价就突然跳空到另一个价位，继续展开行情。缺口形态是十分重要的信号，因为它们表现出强烈的买入或卖出需求。绝大多数的缺口发生在刚开盘或即将收市之时，并且在日 K 线图上清晰可见。

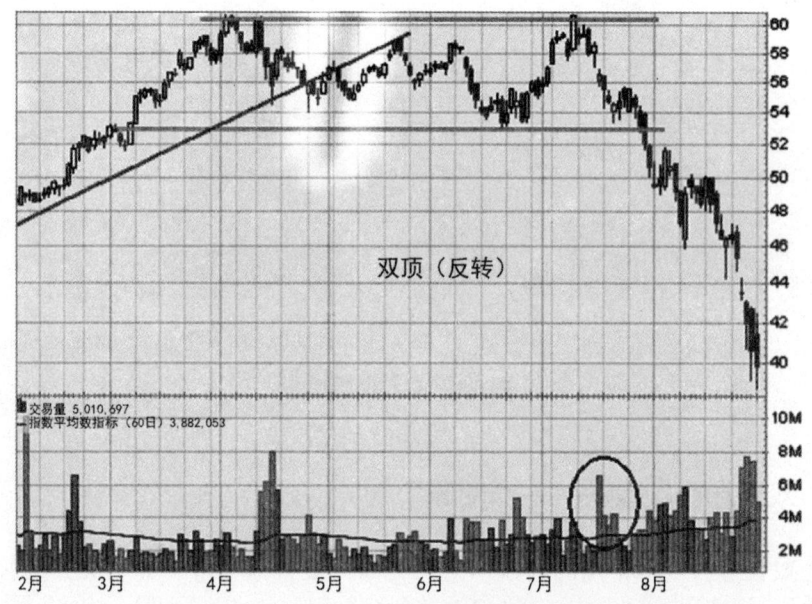

资料来源：图表选自 StockCharts.com

图 13-12　双顶形态

技术人士已确定了三种类型的缺口：持续性缺口、突破性缺口和消耗性缺口。我们该如何理解和使用这些缺口呢？如果您持有的股票有向上跳空的缺口，并伴以交易量的放大，则可以继续持股。

如果您发现一只股票出现向上（或向下）的缺口，但并没创出新高（或新低），这种缺口即被称为消耗性缺口。如果您发现持有这样的股票，就应该抛出；跳空高开但又没能创出新高的股票，可能会返回填补之前的价位缺口（即股价会回跌至跳空之前的位置）。

进阶提示：向上的突破性缺口出现时，股票会跳空高开（即价格上行），并伴随成交量的放大。这可能是一波大行情的序幕，至少多方希望如此。持续性缺口虽然表面上看起来跟突破性缺口差不多,却通常出现在一个趋势行情的过程中,这种缺口出现后,行情会略作停顿,然后延续趋势方向恢复交易。

有经验的短线交易者会利用缺口的出现进行交易操作,但这并非易事。举例来说,有一种交易策略叫做"缺口淡化",或"缺口逆动",就是按照缺口的相反方向进行交易(即在跳空高开时逢高打入卖单,或在跳空低开后以底价买入),只要您能正确预测市场态势,这种策略就是有效的。然而如果您是一个初学者,您可以学习在图表上识别缺口,并观察股价在出现缺口后的反应。在您获得很多很丰富的经验之前,不要贸然尝试利用缺口动手交易。图13-13就是一个缺口的示例。

技术分析的缺陷

技术分析的批评者们认为,阅读研判股票图表,类似于通过观察茶叶的残渣为您预测旦夕祸福的行为,他们声称,基于过去发生的事件对未来做出预测,几乎是不可信的——没有证据证明技术分析是确凿有效的。

和基本面分析相似,与其说技术分析是一门科学,倒不妨说它也是一门艺术,它需要一个称职又有经验的技术派人士,用技术分析的手段鉴别能盈利的股票,来选择投资。要胜任这项工作耗时不菲,不要期望在技术分析的领域快速成才。

技术分析的难处之一,在于真正要正确读懂那些技术信号。如果仅仅依靠精密的测量仪器和技术指标就能在市场上获得成功,那么大多数人都只需专注使用技术分析即可。所有投资者都应该对如何阅读、研判图表以及如何使用移动平均线之类的技术指标有基本的了解,但这可能对长线投资者不会有太大帮助。通常情况下,技术分析对于短线投资最有用,相对来说,基本面分析对于长线投资更有帮助。

虽然从图表上分析股票走势可能帮助您盈利,您也必须时刻小心,让技术分析保持简单清晰,否则,您可能患上"分析麻痹症",这种病症体现在花费过多的时间研究股票图表,以至于根本没法进行交易。运用技术分析的要诀在于，保持事物的简单化，即您从图表上识别到的信息越简单越好。

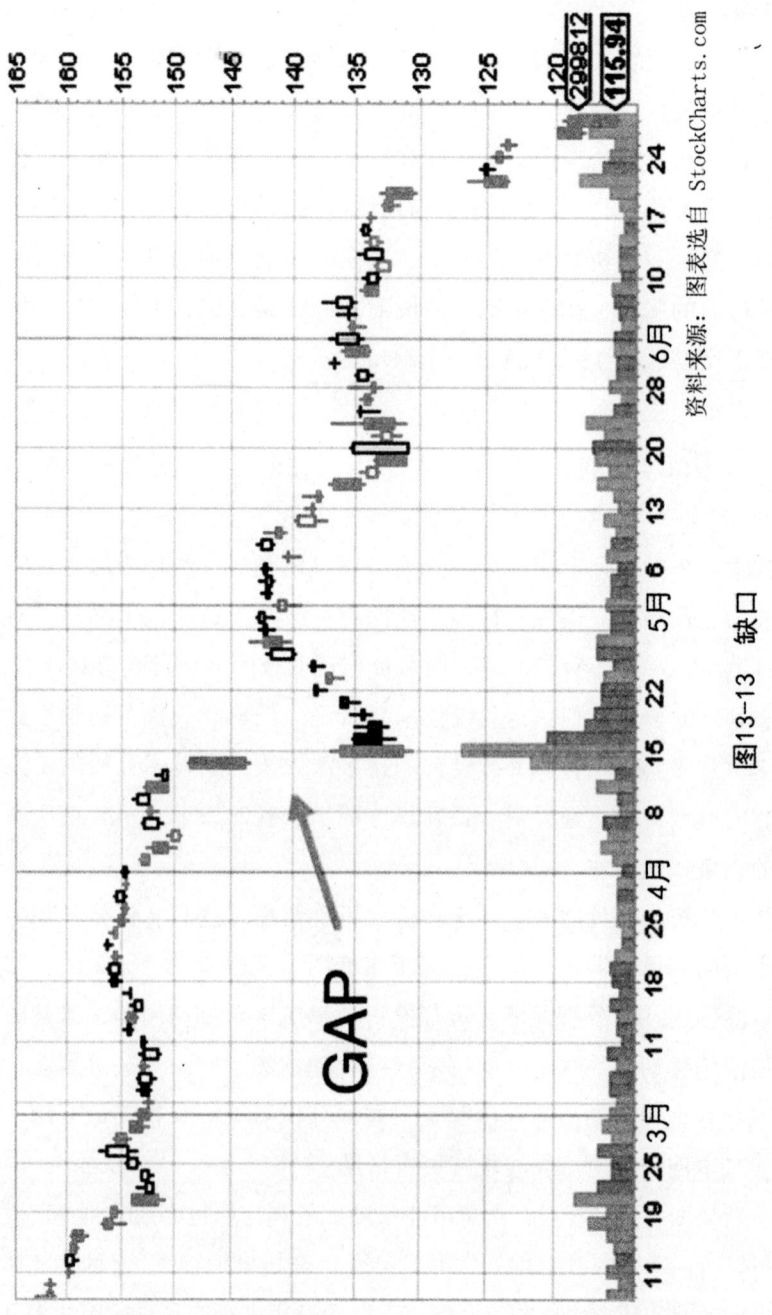

图13-13 缺口

概括：最低限度来说，很多盈利的交易者们都在很大程度上依靠图表形态，包括更高级的形态，比如三角形、楔形和蜡烛图，但这确实需要花费很长的时间来学习。

在下一章中，您将学到技术分析师们用来评估股票的工具和策略。

第 14 章　技术和情绪分析：工具和策略

和基本面分析差不多，技术分析师们也有用来确定何时买入或卖出股票的工具，这些工具被称为指标。本章向您讲述的所有指标，都可以在股票的走势图上找到（因为技术人士们就是用走势图来研究股票价格的）。

当学完这一章的时候，您应该能更好地理解如何使用技术指标来深入研判市场或股票的走势方向。正所谓"工欲善其事，必先利其器"，交易者们和投资者们要实现成功投资，需要用到各项技术指标。

使用技术指标帮助做出交易判断，能排除情绪的纠结和干扰，如果使用得当，指标能作为一种预警系统，针对潜在的盈利机会或隐藏的市场风险，预先向您提出警示；它们也可以识别整个市场或某只个股可能出现的趋势反转；最后，交易员们还使用市场指标监测市场趋势——向上、向下，或是横盘整理。

基于以上原因，您确实应当了解市场的技术指标，因为当市场到达顶部或底部时，没有人会为您"鸣枪示警"，您必须依靠技术指标这类工具，来预测"市场的风要往哪边吹"，预测整个市场或某只股票的走势方向，从而确保可能的变化都于您有利。

市场：世界上最强有力的指标

有一项指标比任何其他指标都更强有力，这就是市场本身，它永远具有最终的裁定权。这项指标由各大股票指数共同向我们展示，其中包括道琼斯工业平均指数、纳斯达克指数，标准普尔 500 指数、罗素 2000 指数和威尔希尔 5000 指数。此处仅列举了最受欢迎的主要市场指数。

图 14-1 是一张标准普尔 500 指数的半年 K 线图。

成交量：一个被严重低估、但十足重要的指标

成交量显示着一个给定的时期内成交的股票数量，它是驱使股价飙高或走低的原动力。通过研究成交量，您可以大致判断一只股票的价格波动到底是因为买盘还是卖盘的力量驱动，或者有其他因素在影响走势。交易量以柱状图方式，出现在所有 K 线图或走势图的下方。

在当今的股票市场上，每天所有股票交易机构所达成的交易量，以亿股计，这些交易量中绝大部分出自机构交易者和短线/高频交易者之手。事实上，追随成交量的方法之一，就是研判机构主力投资者们的操作动向。

举例来说，如果整个市场（或您所持有的股票）在放量下跌，那可是个坏兆头，它意味着大量的投资者（有可能是机构投资者）正在卖出；另一方面，如果整个市场（或您的那只股票）价格上涨，并配以交易量的放大，这就是一条线索，表明共同基金、养老基金等机构正在购入。

提示：如果一只股票价格上扬，并配以低成交量，则意味着股票没有得到太多大机构的支持，这是一个负面的信号。

有时您会听到华尔街的人们谈到某只股票具备充足的流动性，这是一只股票很容易被买入和卖出的另一种说法。当您买入或卖出某只股票的份额时，您需要该股具有流动性。举例来说，一只没有流动性的股票可能容

第 14 章 技术和情绪分析：工具和策略

易买入，但较难在有竞争力的价位上卖出。

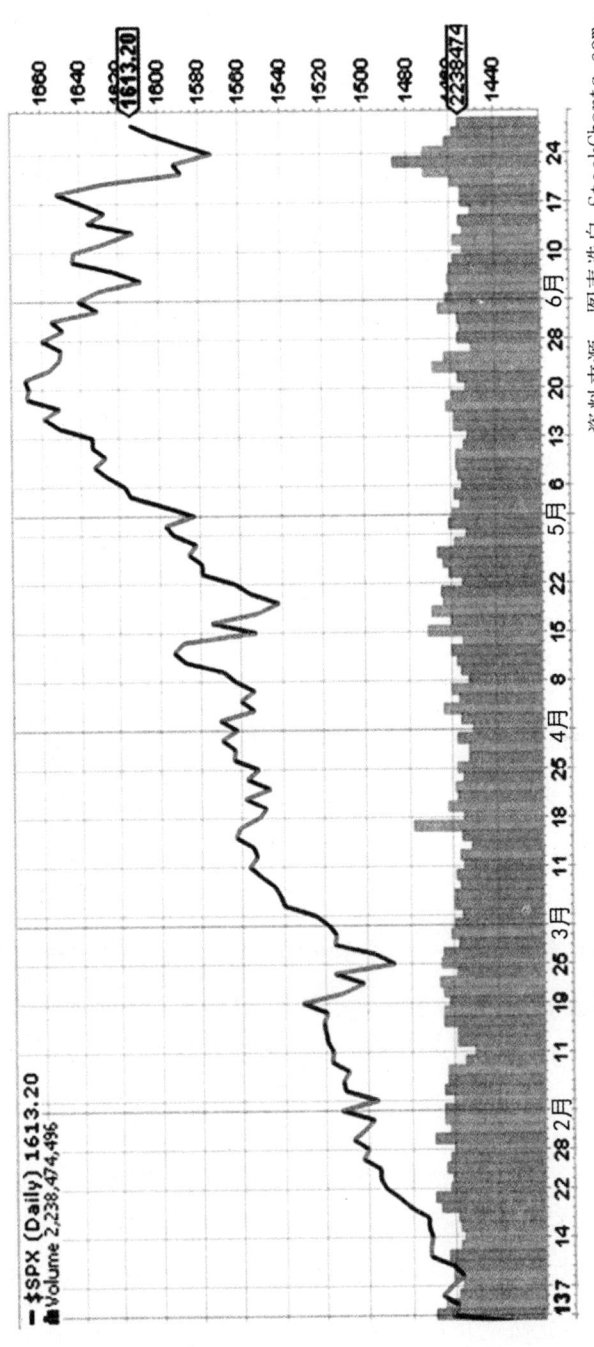

图14-1 标准普尔 500指数的走势图

资料来源：图表选自 StockCharts.com

技术指标概述

虽然市场上的技术指标数以百计，您并不需要太多的市场指标来指导交易，我只向您介绍我个人认为最有用的几个。

对于这些指标如何起作用，我将尽量详细清楚地解释，但要掌握这些工具的使用方法，却绝非一朝一夕那么简单。

移动平均线：道理简单而功能强大

移动平均线，简称均线（MA），是将某一时期的收盘价之和除以该时期的平均值。比如，日线 MA5 指 5 个交易日的收盘价之和除以 5。移动平均线是由著名的美国投资专家约瑟夫·格兰威尔于 20 世纪中期提出的。均线理论是当今应用最普遍的技术指标之一，它帮助交易者确认现有趋势、判断将出现的趋势、发现过度延伸即将反转的趋势。

对于投资者们和交易员们而言，最简单、最有价值的技术指标之一，就是移动平均线。事实上，如果只能选择一项指标作为操作依据的话，这项指标一定是移动平均线，它容易使用又方便理解，而且能对股市或个股的走势提供有价值的线索。

一条移动平均线就是一只股票的价格在一个特定时间段内的平均数额，比如，在过去的 20、50、100 或 200 个交易日的价格平均值，通过将移动平均线叠加在一只股票或整个股市的走势图上，您将直观地看到这只股票（或整个股市）在一个特定的时间段的走势表现。如果绘制在图表上，移动平均线显示为一条条曲线，这些曲线随着每笔交易而上扬或下滑，这些曲线向我们提供关于股票走向的线索。

许多技术分析师把移动平均线当成支撑位（它的作用就像地板）和阻力位（它的作用就像天花板）来使用：一旦股票价格涨到移动平均线以

上（也就是我们所说的突破），这就被视为一个看多和买入的信号；一旦股票的价格跌到移动平均线以下，就被认为是悲观的看空和卖出信号，这其中尤为突出的是万能的 200 日移动平均线（美国投资专家葛南维专心研究与试用移动平均线系统后，认为 200 日移动平均线最具代表性，在美国极受重视，该指标与 146 日、150 日移动平均线一样，仅选样周期稍长——译者注），许多机构投资者们用它来定义支撑和阻力的所在位置。举例来说，一旦股价下滑至 200 日移动平均线以下，这就是一个卖出和平仓的信号，而一旦股价上行至 200 日移动平均线以上，则是一个买入和建仓的信号。

短线交易者倾向于使用 40 日或 50 日均线来确定支撑位和阻力位。一只股票是如何慢速微调至 40 日或 50 日均线的价格然后又忽然转向，有时想想还真是不可思议。

话虽如此，移动平均线却并非万能药方。移动平均线对于市场走势的变化总是反应特别迟缓，由于它们遵循股票价格，所以它们给出的都是已出现的/后期信号，换句话说，待到一只股票终于跌到它的 200 日移动平均线以下时，股价可能已经跌去 20% 了，到那个时候，任何人都能看出该股票处于下跌趋势之中，也正因为这个原因，它被称为"滞后指标"。因此，一个好办法是选一条较短期的移动平均线，与 200 日移动均线相互参照使用。毕竟移动平均线的天数越短，其显示的指标也越能更快地随着股市行情而变。

虽然您的交易决策不应该全部仅仅基于移动平均线（或其他任何一项技术指标），但移动平均线确实能为您提供股票的走势方向和力度的参考。

图 14-2 显示为配有两条移动平均线的走势图，50 日移动平均线和 200 日移动平均线。

波浪起伏的那条主线是标准普尔 500 指数的价格线，第二条线是 50 日移动平均线，第三条线是 200 日移动平均线。

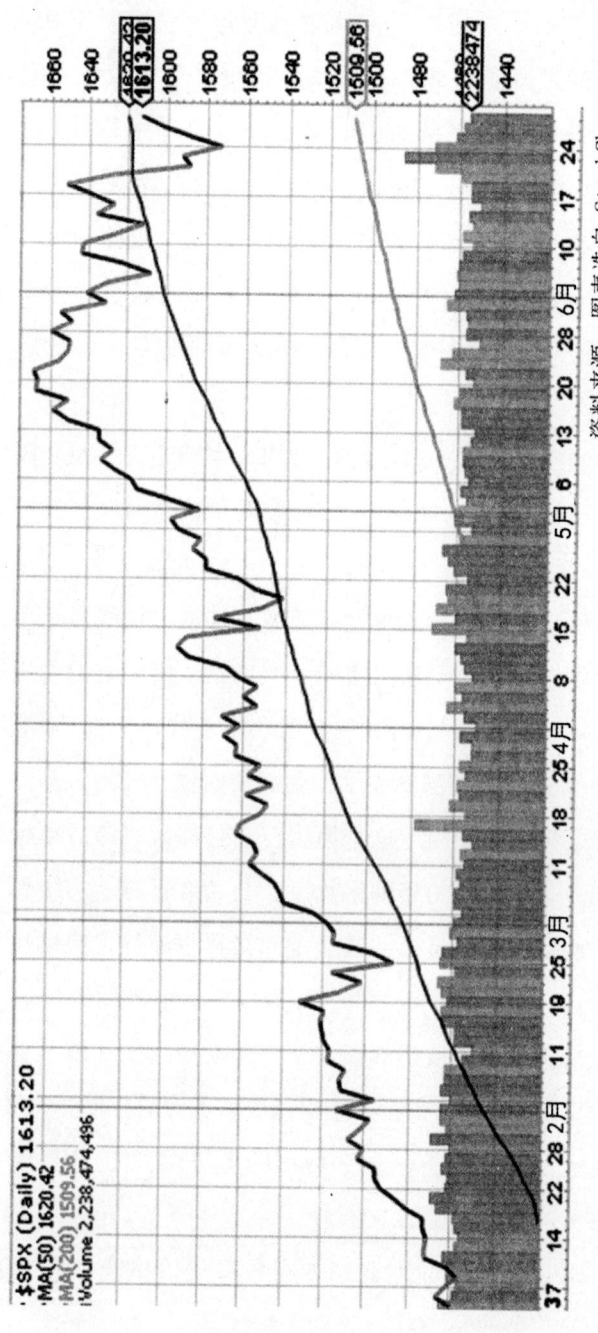

图14-2 移动平均线

指数平滑异同移动平均线 MACD

指数平滑异同移动平均线由杰拉尔德·阿佩尔创造（他对 MACD 的解释和应用与国内有一定区别——译者注），出现在大多数走势图的下方。MACD 指标由两条线组成：一条被称为 MACD 线的黑色（也有深蓝色——译者注）实线，另一条被称为 9 天信号线（用以计算 MACD 的 9 天均值——译者注）的红线（有时是虚线）。

该指标根据两条不同速度的指数平滑移动平均线来计算两者之间的差异状况，作为行情研判的基础，实际上是运用快速与慢速指数平滑移动平均线聚合与分离的征兆，来研判股票买卖时机、跟踪股价运行趋势，因此，这是一种趋向类技术分析指标。

您需要盯紧 MACD 线。一旦 MACD 线上穿到 9 天信号线之上，就形成一个买入信号，而如果 MACD 线下穿到 9 天信号线之下，则形成一个卖出信号。在提供可靠的长期信号方面，MACD 一向有着良好的记录。

观察图 14-3，您还能看到在图的中部区域有一条扁线称为 0 轴线（图中，MACD 的高度稍低于 0 轴线以下，也就是在 0.393 的位置）。当 MACD 上穿 0 轴线时，它会生成一个可靠的买入信号，而一旦它下穿 0 轴线时，则形成卖出信号。MACD 通常总在 0 轴线的上下来回波动。话说回来，您当然不能仅仅基于 MACD 指标信号来决定交易操作中的买进卖出，而需要配合使用其他指标，来共同确认这些信号是否真实有效。

关于 MACD 指标，要学的还有很多，更详细的内容收录在我的书《股市技术指标大全》里（我忍不住再次提到它）。像任何其他指标一样，MACD 指标并非十全十美，有时候那些信号不是特别清晰，尤其当股市处于顶部区域之时，并且，正如和它有着千丝万缕联系的移动平均线一样，MACD 指标中信号的产生也会有些迟缓。尽管有以上种种不足，MACD 指标还是可以确保随时为您成功捕捉（股市或个股）的走势动态。

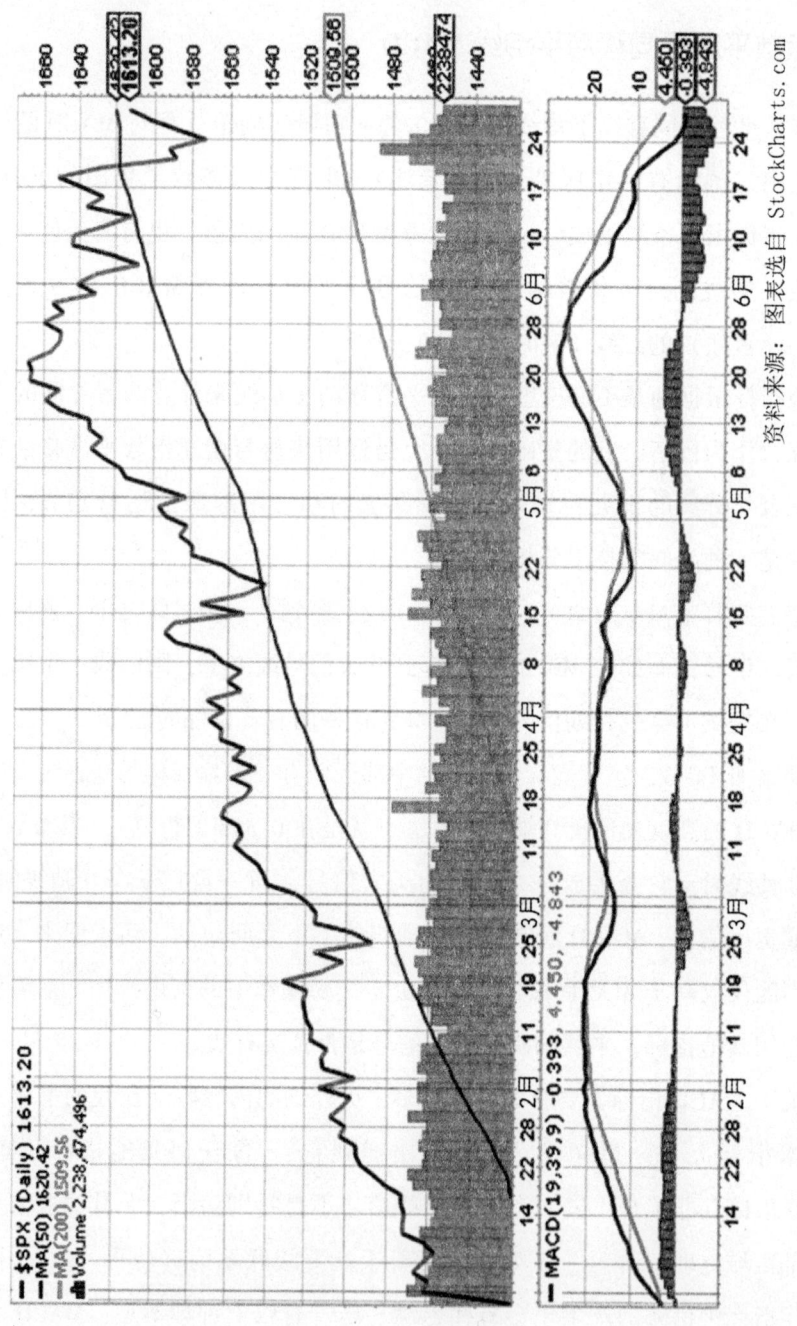

图14-3 MACD

其他技术指标

如果您在股票市场还是个新手,您可以从移动平均线和 MACD 两项指标入手,使用它们来分析整个市场或某只个股。如果您对于技术分析感到着迷,有兴趣进一步了解,我已经提到过我的书,但也还有其他优秀的书籍(您可以在第 18 章找到我推荐的其他一些书目)。您也可以调出任何一张走势图,或选择一些其他的指标。

虽然股市各项指标数以百计,但我要介绍的另外三个有用并值得学习的技术指标是:布林线(又叫 BOLL 指标——译者注)、相对强弱指标(RSI)和随机指标(也叫 KDJ 指标——译者注)。这些指标主要适合经验丰富的交易员。

布林线指标、RSI 指标和随机指标能够测量股票是否出现超买或超卖的情况。如果一只股票处于超买状态,即代表一个短期的卖出信号;相应的如果一只股票处于超卖状态,则为一个买入的信号。问题在于,许多个股在趋势反转之前,可以在很长时间段内保持超买或超卖的状态。

这些指标值得您深入学习仔细研究,尤其如果您打算使用短期交易的各项策略。

情绪分析导论

除了技术分析,您还可以寻找心理上的线索,以判别股民们是否正恐惧害怕或贪得无厌。理解股市散户群体(在华尔街将这些从众的股民称作"羊群")的投资方向,也会对您做出自己的投资决定有所帮助。通常来说,当您确认了这些散户群体的投资方向,明智的选择是反其道而行之!我将情感分析称之为"逆反心理学",用来帮助测评股票的市场情绪。

以下是三个有用的情感分析指标。

美国个人投资者协会调查报告

市场情绪的考核方式之一,是看美国个人投资者协会(AAII)的调查报告。这项每周一次的调查报告,发布在美国个人投资者协会的官方网站及其他金融期刊上,其中包括一项每周民意调查的结果。美国个人投资者协会的成员们被问到他们对于股市的看法——看涨、看跌,还是持中立观点。

如果超过60%或70%的受访协会成员们都看涨,那么这是个看空的卖出信号;如果超过60%或70%的受访协会成员们都看跌,这就是一个看多的买入信号。虽然人们可以在很长时间段里保持盲目乐观的状态(同样,盲目悲观的状态也可以保持很久),但这些调查报告确实能提供重要的逆向线索。在过去,情感指标的正确率一向处在极高的水平,只是时间的把握上向来测算不精准。话说回来,我们无法确保这一指标未来还会精准下去。

投资者智力情报指标

另一个测量市场情绪的工具,是投资者智力情报指标(简称II),这也是一项每周一次的调查报告,由美国技术图表公司制作发布,这项民调询问金融市场新闻记者们对于市场未来六个月的走势看法。

当超过60%的独立金融市场新闻记者对市场看涨时,代表卖出信号;而他们中超过60%看跌时,则往往是买入的良机。再次提醒,情绪类指标超过60%的关口,并不意味着您就一定要逆势操作,但的确应加以关注。

这些情绪类指标的问卷调查和统计之所以能起作用,其原因在于人类永远本性难改:当市场走到价格高位,很多投资者甚至包括专业人士,都会对市场前景满怀欣喜,盲目乐观,就因为在牛市中赚了钱,有些投资者们甚至会感觉自己是这方面的天才;而当市场暴跌之时,股民们又恐惧害怕,抑郁沮丧,他们倾向于回避股票市场,并将他们的钱出仓变现和购买债券。

从心理学角度来看,当占压倒性的绝大多数人看空出仓时,那就是看多入市的时机,当然要做出这项决定并非易事,尤其是当其他所有人都预测市场会一跌到底之际。

芝加哥期权交易所波动率指数(VIX 指数)

芝加哥期权交易所波动率指数(VIX),是一个通过追踪标准普尔 500 指数期权的隐含波动率,来预测未来美国股市波动的指标;它于 1993 年推出,是指数期权隐含波动率加权平均后所得之指数,又称为恐慌指数。当您使用 VIX 指数作为反向指标时,它能有效地帮助您洞悉期权交易商们对未来走势的预期。

通常情况下,VIX 指数飙升是市场处于短期底部或超卖状况的一个预测信号。因此,该波动率指数越高(即期权买家看空市场并大量购入看跌期权,以此作为一种保护措施),市场将越有可能逆转走高。当 VIX 指数下滑时(因为在恐慌之中,更少有人愿意购买期权,也没有发生什么可以驱使价格进一步走高的事件),市场继续走低的可能性就会更大。VIX 指数的数据越极端,则市场就越有可能迎来一波反转行情。

这可能看上去令人困惑:如果期权买家们都看涨,根据 VIX 指数,市场反而会走低;而如果期权买家们都看跌,则市场将会走高。可是无论如何,所谓反向指标就是这样起作用的。通常来说,当 VIX 指数上升达到 40 的时候,期权市场里已经恐慌一片(以自保或投机为目的的期权购买行为四处泛滥),您应该考虑购买股票;而如果指数超过了 50,标准普尔 500 指数就有可能即将见底。另一方面,当 VIX 指数降低到 20 以下,代表期权交易商们的情绪相对平静;一旦 VIX 指数低于 12,则代表市场的自信达到了一个巅峰极致的状态,交易者们呈现出完全没有对市场下滑的担忧。当这种情况发生时,标准普尔 500 指数可能正处在一个接近顶部的位置(正如有句老话所说"VIX 指数低,看空出仓不可惜;VIX 指数高,建仓买入时机好")。

然而,VIX 指数作为一项指标并非完美,它在有效识别极端情绪表现方面确有成效，但它从来不是一个理想的时机指标；换言之，虽然它可以告诉您逆转趋势已有可能，但它却不能告诉您逆转的具体时间点。

概括：对那些习惯于在走势图中把 VIX 指标和移动平均线指标一道考量的短线交易者们来说，VIX 指标很长一段时间来一直都是有所帮助的；但对于长线投资者们来说，它却向来不那么特别有效。VIX 指数总是可以在很长的时间段保持一个低位数值，而不会生成明显的信号。尽管如此，VIX 指标可以用来阶段性地测量市场的情绪。

美国证券交易委员会：保护投资者不受欺诈

您可能想知道，是否有一个政府组织能够保护个人投资者的需求和利益——还真有。美国国会于 1934 年创建了美国证券交易委员会（SEC），专门致力于在 1929 年股市那次悲剧性的股灾之后规范各家上市公司的行为。

美国证券交易委员会（简称证交会）有点像是投资行业的警察，它设置规章制度以及华尔街必须遵循的各项标准。之所以设立证交会（由纳税人出钱买单，国会控制着证交会的资金来源），目的是确保个人投资者不被欺诈，以及保证整个投资市场运作的公平诚信。

美国证交会的官方网站 www.sec.gov 包含关于证交会使命，以及部分上市公司的有用的文章和相关资源。值得一提的是，知识是您防止上当受骗的最有力武器，而证交会也是在不遗余力为您提供及时详尽的各类信息。但是，并非所有人都愿意有美国证交会这样一个政府组织存在，只"把各家上市公司和各种金融机构都盯得死死的"这一点，就让不少人感觉不舒服——有些有钱有势的人，为了其自身的特殊利益，处心积虑地削弱证交会的办事力度。事实上，真有个别政客就是不遗余力阻止证交会得到其所需的资金和资源，以干扰对那些违反证券法律的公司或个人追查。

您可以猜到，一个软弱无力的美国证券交易委员会，将无法阻止企业骗子们利用股市实施非法的交易活动。证交会最大的败笔，就是当年轰动一时的伯纳德·麦道夫的庞氏骗局——麦道夫实施金融诈骗行为20多年后才定罪。有时还真是需要市场崩盘的出现或者骇人听闻的骗局曝光，证交会才能配备适当的工具和充足的人手，去抓捕那些坏蛋。

第 14 章 技术和情绪分析：工具和策略

> 作为个人投资者或交易员，您应该总是对自己的金融投资分外小心。如果您不幸成为欺诈性投资的受害者，即便这些钱还有可能追回来，也会耗费数年的时间。如果您未曾被欺诈，那投资前也必须先仔细研究，做到对投资项目知根知底。当然，如果您雇人代理投资，那就更得加倍小心。
>
> 证交会监视的另一项活动是内幕交易。内幕交易有两种：合法的和非法的。合法的内幕交易是由公司员工（内幕知情者/内部人员）在公司内部买进和卖出公司股份，并提前向证交会提交所需的相关书面申请材料，这些相关的文字资料公布在美国证交会的官方网站上，以供查看；非法的内幕交易发生在公司雇员（或其亲友）基于公众不知道的信息进行股票买进和卖出的交易。
>
> 您相信内幕交易是普遍存在吗？是的，它比许多人想象的更经常发生。许多业内人士仍然利用他们从公司内部搜集到的信息，来实施利润丰厚的证券交易。希望未来能有一天，资金雄厚实力强大的美国证交会，有能力去全面追查那些不愿意遵从金融市场规则、不愿从事合法交易的人们。

在下一章中，您将学到如何跳出常规模式去思考——要了解除股票以外的其他投资。您也完全可以选择跳过下一章，直接翻开第 16 章。当然，要怎么读全由您自己说了算。

第五篇

跳出思维定势

第15章 期权、债券、现金、房地产、外汇、新股首发上市和期货交易

当绝大多数人谈论起股票市场时,他们所指的是买入或卖出股票、共同基金或 ETF 基金(全称 Exchange Traded Fund,即交易型开放式指数基金)。实际上,除了买卖个股,还有其他可供投资的项目。适当熟悉一下其他类型的投资方式,如期权、债券、现金、房地产、外汇、新股首发上市和期货,有利于您成为更加见多识广的投资者。

建议:您会发现其他投资方式也需要挺高的技术含量,因此,您也完全可以选择跳过本章并直接打开第 16 章——将来如果您觉得有需要时,还可以随时返回到本章来。

期权

关于期权您可能有所耳闻。也许您听人家说过期权交易的风险太大。其实,如果使用得当,和持有股票的风险相比,期权交易是可以降低风险值的。有些期权交易的策略的确艰涩难懂又风险十足,但我们可以把那些策略留给专家们去打理,而我要向您介绍的,是一些能和您的股票投资组合并相得益彰的期权投资策略。

注意:如果您有兴趣学习更多有关期权的知识,可以阅读我的一本畅

销书——《了解期权》。

对有些人来说，期权理解起来是有些难度的，但您花些时间学习少量的期权策略绝对值得。以下是您着手期权交易的四个理由：

1. 为了增加收入
2. 为了保护您的股票投资组合
3. 为了对冲股票市场的风险
4. 为了预测股市的未来走势

经验丰富的交易者们将期权交易策略包含在投资组合之内，自有其道理。以上仅列举了其中四条理由。卖出您自己所持股票的期权可以带来现金流，甚至直接增加收入。在某种程度上，您好比是将您的股票出租给其他人（即期权买家们），而他们溢价支付额外的费用来换得这样的机会。

期权经常被用于为一份股票投资组合提供信心保证或价值保障。这是一种保守，但绝不便宜的期权市场使用方法。

期权也被用于对冲风险。举例来说，如果您确信您的股票投资组合可能会出现贬值（但您并不打算出售手头的股份），您可以跟踪某一条主要指标的 ETF 交易型开放式指数基金市场购买认沽期权（又称卖方期权），如跟踪标准普尔 500 指数、道琼斯工业指数、纳斯达克 100 指数或罗素 2000（一种小型股指数）等。一旦市场真的走低，您购买的认沽期权就会增加价值，从而抵消您在股票市场投资损失的一部分。ETF 指数基金代表一揽子股票的所有权，是指像股票一样在证券交易所交易的指数基金，其交易价格、基金份额净值走势与所跟踪的指数基本一致。因此，投资者买卖一只 ETF，就等同于买卖了它所跟踪的指数，可取得与该指数基本一致的收益。通常采用完全被动式的管理方法，以拟合某一指数为目标，兼具股票和指数基金的特色。

除此之外，期权交易还被作为投机交易的工具，广泛适用于股市所有环境（无论牛市、熊市，或横盘市）。期权提供一个使您的获利金额数倍于投资金额的机会（这种作用被称为杠杆效益）。投资期权市场的最佳效

第 15 章　期权、债券、现金、房地产、外汇、新股首发上市和期货交易

应,在于您总是能提前明确知晓可能亏损的金额。

注意:如果您对于期权尚不熟悉,我建议您使用期权来增加收益或为您的股票投资组合设置保护,对冲抵消损失,而不要贸然从事投机交易。

期权的一些特性

其实,股票期权是赋予其所有者买入或卖出股票权力的合约。每一个股票期权都被关联或附加于某一只特定的股票,该股票被称为标的股票。用于描述期权的术语之一,就是"金融衍生品",这意味着任何期权的价值衍生自另一种金融产品,换句话说,股票期权是从股票衍生而来的金融产品。

关于期权,您还需要知道以下几件事:一份期权合约代表着购买 100 股股票的"权利",不过绝大多数期权买家最终会卖出他们的期权,几乎从不真正建仓买入股票。

投资期权的乐趣包括:如果您购买了一份认购期权(又称为买入期权),当其标的股票价格上涨,那么认购期权的价格也会上涨。如果您选对了股票,您的期权通常就会为您产生利润,加上杠杆效应的作用,您就有机会赚取数倍于您初始投资的利润。

当然您也有赔钱的风险。期权所独有的特征之一,就是它们会在某一个约定的日期(即所谓最后交易日或截止日期)之后失效。一旦到了最后交易日,期权要么被转换成股票的仓位继续持有,要么就丧失所有的价值,变得一文不值。

因为期权约定日期后就会失效,因此,对于期权的买方来说,赚取利润并非易事。在您的期权到期之前,必须正确地预测标的股票的后期走势,否则可能会损失全部投资金额。虽然购买一份期权比购买一只股票要便宜得多,但期权交易确实也有"输得精光"的可能。

至此,您多半开始质疑:既然获取利润如此困难,为什么还要考虑购买期权?这是个很好的问题。如果不想购买期权,您还可以先出售期权。

如果您持有 100 股以上的某只股票，您就可以出售（也被称作发售）该股期权，认购买家就会支付现金来购买您发售的期权。这种策略被称为出售有抵补看涨期权，被认为是最保守的期权策略之一。

在解释如何出售有抵补看涨期权之前，让我们先了解两个重要的词汇：认购期权和认沽期权。期权实际只有认购和认沽两种类型。对于其中任何一类，您可以采取的行动方式也只有两种，即买入或卖出。虽然有很多听起来很高超的期权策略，但它们全部是基于买入或卖出认购期权或认沽期权的行为。

认购期权，又称为看涨期权，购买认购期权类似于对一只股票"看涨"，这意味着当这份期权的标的股票价格上涨时，您有望获利）。

认沽期权，又称为看跌期权，购买认沽期权类似于对一只股票"看跌"，这意味着当这份期权的标的股票价格下跌时，您有望获利。

出售有抵补看涨期权

现在，您对于期权有了一个基本的了解，那么让我们来看一种保守的期权交易策略：出售有抵补看涨期权。这是当您持有一只股票时，以股票价格上涨所产生的利润为代价，来获取一定的权利金（即出售期权合同的价格）的策略。您也可以使用此策略出售您所持有的股票，即通过使用期权市场来出售股票。采用这种方式，您还有机会获得额外的现金。

如果这是您第一次接触期权，不要指望能透彻地理解所有术语和概念。但如果您对于这种期权投资战略的工作原理有了大致的了解，某一天您就可以决定自己是否想要使用它。

注意：您可以从出售认购期权开始。以期权的权利金作为交换筹码，同意以某个特定的价格（称为执行价格或履约价格）出售您手中股份在有限时间内的所有权。于是，无论下一步会发生什么状况，至少出售期权合约的权利金收入都会归您所有。

让我们来假设一个案例：在 5 月份时，您持有 XYZ 公司的股票 100

第15章 期权、债券、现金、房地产、外汇、新股首发上市和期货交易

股,这只股票当前价格为每股28美元。您打开自己的经纪账户,找到期权链接表(即期权列表,表中提供了可供交易的认购期权和认沽期权以及当前的市场报价,包括买方报价和卖方报价),然后选择其中一种期权合约出售。每个标的股票都有自己的一系列期权交易价目选项。

比如您打算以每股30美元的执行价格,并选择6月份作为执行期权的最后有效期,这意味着买下您这份认购期权的所有者有权以每股30美元的价格购买您所持有的股份。这一权利在最后有效期到来之后就会失效(即到期月份的第三个星期五。或者在本案例中为6月的第三个星期五)。您唯一的义务是:无论到期时股价实际上涨到多少,您都必须允许您的股票在最后有效期这一天(以每股30美元的执行价格)出售。哪怕届时该股市场价格高达50美元,您也必须以每股30美元出售,而如果(最后有效期这一天)该股价格低于30美元,那么认购期权的所有者就会选择放弃认购您手上的该股份额,那您就可以继续持有这些股票。

当您看到以6月30日为最后有效期的XYZ公司股票认购期权合约(也就是之前我们假设您打算卖掉的期权)买方报价,其当前价格为每股2.40美元。下面我们就来说说如何计算每卖掉一份有抵补看涨期权,您所获得的金额:

每股2.40美元以6月30日为最后有效期的认购期权
×100股XYZ(每份认购期权合约标的数100股)
总价:240美元期权价格即权利金

如果您拥有200股,那么出售两份期权的标价(即您卖出期权合约所获取的现金)是480美元。

认购期权合约售出后,您必须保持这份期权合约所对应的标的股票所有权(本例中即指XYZ公司股票),直到期权合约于6月到达其最后有效

期。这是一份公平的交易。在以上的案例中，您收获了期权合约的价格（即240美元），为此您所承担的义务是：以每股30美元的价格出售这些标的股票。

这种交易策略可能有哪些风险呢？首先，如果XYZ股票下跌，您就会亏钱，尽管您赚取了每股2.40美元的期权合约价格；出售有抵补看涨期权的第二项风险是，如果该标的股（在本例中即XYZ公司股票）价格走高至远远超过每股30美元，您会损失每股超过30美元的所得收益。无论XYZ股票价格涨到多高，您都有义务以每股3美元的价位出售这100股。如果您认为所持有的是一只将要大涨的股票，那么出售有抵补看涨期权就会限制您所能赚取的利润。

对于一个认购期权合约的发售者来说，理想的市场环境是，该股的价格一直处于横盘整理或缓慢走高之际。在一个横盘整理的市场中，股票价格通常不太容易大幅度走高，这就使得发售认购期权合约成为一种有利可图的交易策略。

购买认购期权

有一种投机的策略是购买股票所关联的认购期权。购买认购期权的优势在于，您可以参与到一只股票的上涨趋势过程中，而无须持有该股票。如果您是正确的（这也意味着您是一个擅长甄选个股的投资者），您所选股票价格上涨，您就有可能赚到数倍于您初始投资的金额。如果您预测错误，所选个股并没有走高，或者是上涨幅度达不到您的预测，您的损失也不会超过您的初始投资（即用于购买期权的权利金）。

以刚才的例子来说，如果XYZ股票价格是每股30美元，那么开仓买入100股将耗资3000美元。但如果您买了前面提到的认购期权，它只会花费您240美元（每股2.40美元×100股）。仅以240美元的投资，您就可以控制价值3000美元的股票。

回到之前的案例：在5月份的时候，XYZ公司股票价格为每股30美

第15章　期权、债券、现金、房地产、外汇、新股首发上市和期货交易

元。您相信该公司股价将在未来两个月内上涨到每股35美元,那么您只需在期权链的页面上查看一下XYZ认购期权的价格,输入指令下单购买一份7月到期的XYZ公司股票认购期权合约,以35美元为执行价格(即代表您期待该股票价格能达到每股35美元)。这份期权合约的权利金可能是每股2.50美元,或者说合约为总价250美元(每股2.50美元×100股)的股票认购权。

如果XYZ公司股票在7月份到期日或者之前能涨到35美元甚至更高的价格,您的买入期权即认购期权就会增值(比如说,XYZ公司股价可能从每股2.50美元上涨到5.25美元),这样其认购期权的价值也就越高。投机商们之所以购买认购期权,原因就在于他们可以通过一笔小额投资赚取利润,因此而无须实际持有这只股票。

另一种情况下,如果XYZ公司股票并没有上涨到超过每股30美元的价格,而您在7月的最后有效期那天仍然持有这只股票,则您将损失(当初用于购买认购期权的)全部250美元。

在购买认购期权这种交易方式中,还有许多您可以选择采取的投资策略,最简单的办法,就是在对所获利润感到满意时卖出认购期权。

通过购买认购期权获利的难点,在于您必须在标的股票的走势方向和执行日期的时段计算这两方面都预测精准,否则您就可能损失您的全部投资)。如果XYZ公司股价没有上涨到30美元以上,则您的期权将到期作废。

但是,如果您在一个重大的突发新闻事件之前,以正确的方式购买了认购期权(或者认沽期权)就可能获利丰厚。当然在这些情况下,您得做好准备为这些期权合约付出高昂的价格(因为其他人也都会想要买涨,大量的需求就会推高认购期权的权利金)。当然我仍要重申,您必须正确地预测走势方向,否则您的期权将到期作废。

使用期权进行投资是一种困难的赚钱方式,但还是有很多其他的交易策略,有些策略就是以降低风险为初衷而设计的。下一个策略就是其中一

例，即如何使用期权来保护您现已持有的股票。

使用认沽期权来保护您的股票投资组合

有时候购买认沽期权是一项明智的选择，比如当您有理由担心您所持有的股票，或是整个股票市场价格将会下滑，而您又希望继续持有已经购入的股票时。当某只股票错过了它本该出现的上涨利润，又或者整个股票市场全线下挫，对这种认沽期权的使用策略，将有助于保护您现有的股票投资组合。

通常情况下，以保护投资组合为目的认沽期权买家，会购买好几份认沽期权（每份对应100股的持有额度），来覆盖他们账户里所持有的所有股份份额。举例来说，如果您拥有1000股IBM公司的股票，并担心这只股票在短期内恐怕会下跌，您就可以购买10份认沽合约。如果您只拥有100股，就可以购买1份认沽期权合约。

虽然购买防护性的认沽期货听起来像是个明智的方法，您也不会愿意将投资的钞票白白扔掉。如果您确实担心所持有的股票可能会大跌，或许您应该考虑出仓，而不是把钱花在防护措施上。只有您才能决定这种保护是否值得您付出购买认沽期权的权利金。您需要知道，这种防护措施也可能价格不菲。

可供替换的其他投资：除了以保护投资为目的购买标的股票的认沽期权，您还可以通过购买ETF即交易型开放式指数基金的认沽期权，对自己的仓位进行对冲，比如，买入SPY（标准普尔500指数）、QQQ（纳斯达克100指数）、DIA（道琼斯工业平均指数）或IWM（罗素2000指数）等指数基金。

尽管购买这些保护性认沽期权可能花销不菲，它们确实有助于在极为动荡的市场中限定损失。

第15章 期权、债券、现金、房地产、外汇、新股首发上市和期货交易

债券

要了解债券，您就必须像贷款人那样去思考，而不是用投资者的思维方式，毕竟，一份债券就是一张借条。当您买债券时，您就在将自己的资金借给了某家公司或某个政府，相应地，您会得到对方将全款归还并支付利息的承诺。

借债的公司或政府会使用借贷术语来承诺按某种固定的利率支付利息，比如，按每年5%的利率。每年支付的利息额（用百分比表示）就被称为一张息票（换言之，也就是利率）。基本上，这就是债券持有者将以利息支付的形式回收的金额。虽然许下了偿还贷款的承诺，但这并不能保证连本带利就一定能够收得回来，这就是债券持有者的风险。当债券到期的时候（我们称为到期日），您投入的本金回来了，此外还能赚取之前约定的利息。

华尔街帮助企业筹得资金的方式，并不仅仅限于发行股票这一条途径，还可以通过发行债券来实现。从技术上讲，债券是一种固定收入的投资。发行债券的某家企业或政府向债权所有者以某一个特定时间段为期限借取资金，并按照普遍常用的或某个固定的利率来支付利息。

债券一共有三种类型：国债、市政债券（政府债券）和公司债券。由美国政府发行的债券称为国债，它们被认为是最安全的债券投资，因为它们得到美国政府的全力支持。市政债券由美国各州及地方政府发行，并且通常是免税的。公司债券的风险值最大，但是它所提供的回报也最高。

债券期限分为三大类：短期、中期和长期。短期债券的到期日最短，从1个月到12个月不等；中期债券的有效期通常是1到10年的周期；长期债券的有效期则是10年以上时间，并且最长可达30年之久。通常来说，贷款的周期越长，到期后的收益率也就越高（收益率是对您所投入资金给出的年化回报水平）。

债券对您可能是个全新的领域，我会给您多举几个例子：假设您决定以 10 年为期借给一家公司 5000 美元。作为回报，该公司支付每年 10% 的利息。这意味着，在未来的 10 年里，您每年会得到该公司支付的 500 美元利息。我们总结一下：债券本身具有 5000 美元的面值（即债券到期日的价值）、10% 的利率 和 10 年的有效期限。债券的当前市场价值，是由当时的通用利率和市场参与者们对特定债券的价值认可度共同决定的。

通常情况下，不能承担太大风险的投资人，购买债券比购买股票更合适，因为在股票市场中，您的投资存在着损失大半的风险。然而，债券也并非完美，购买各种债券也有它们各自的风险。

举例来说，发行债券的公司是会有破产的风险，这样的悲剧已经发生在安然、世通、雷曼兄弟和其他一些企业身上，留下这些公司的债券持有者们，空对着他们瘪掉的钱袋子。

债券还被评出了不同的等级（评价很高的 AAA 级债券被认为是最安全的），债券的评级越低，它的利率反而越高（因为高风险的债券必须支付更高的利息，才能找到买家）。一些债券是如此危险，以至于它们被称为垃圾债券。当您持有低评级债券时，作为承担额外风险的补偿，您也许会得到特别高的收益率。

债券持有者对于利率会非常在意，毕竟，许多债券持有人就依靠他们所持有债券的年度利息获取收入。当利率下降时，债券成为炙手可热的投资方式，因为债券的价值（相比较而言）上升了；而当利率上升时，债券的价值则相对下降。一般来说，在利率上涨时，债券是一种理想的投资方式。

很多人没有意识到，其实债券交易跟股票交易类似，其在市场上的实时价格也会随着利率的变化而波动。债券的市场价格（注意不应与债券的票面价值相混淆）的上涨或下跌，是与利率的涨跌方向相反的（俗称"逆向关联"）。

例如，让我们假设您投资 1000 美元购买了一手债券，债券的利息率是

8%（即每1000美元面值的债券每年向债券持有者支付80美元利息）。如果利率降到8%以下，这手债券的价值就会高于1000美元，因为投资者会愿意为了获得更高的利息而支付更多。但从另一方面来看，如果利率上升，您的债券价值就将低于1000美元，因为它对买家不再那么具有吸引力：当债券的年收益率低于当前的银行利率之时，谁还愿意支付债券的票面价值，去揽得这笔亏本买卖呢？

综上所述，持有债券的好处，在于债券发售方承诺支付的利息，并全额偿还您的初始资金（称为本金）。基本上，您借出资金并希望向您借款的企业（或其他经济实体）有能力给予回报；持有债券的缺点在于，利率有可能会上升，那样就可能会严重地侵蚀掉您债券投资组合的价值。当然，同时还有些概率很小的交易，即债券发售人有可能会违约并且停止支付利息金。尽管如此，对于那些认为保本比赚取额外利润更重要的投资者来说，债券总是倍受青睐。

如何选择正确的债券也许是件困难的事情，许多投资者更倾向于购买债券共同基金——由专业人士为自己做出投资决定。

警示：从某家经纪商或银行购买债券时，一定要在签订合同之前仔细阅读费用说明。我有一位熟人，曾经投资300000美元，购买一家知名银行的债券，后来当他卖掉债券时，银行方面向他收取了10%的销售费用，也就是30000美元。这件事的教训是，在您一字不漏地仔细读完合同或协议之前，不要签字——这条警示同样适用于债券、保险单、按揭合约，或任何其他形式的金融投资理财方式。

现金

在有些世道中，把您的钱滞压在现金或现金等价物（即存款证明或定期存单）似乎是一个愚蠢的想法，因为回报利润不会超过每年1%到2%。用于购买定期存单（全称"可转让定期存单"，指银行发行、对持有人偿付、可转让的定期存款凭证，凭证上载有发行的金额及利率，还有偿还日期和方法，如果存单期限超过1年，则可在存期中支付利息，在纽约金融市场，通常以面值100万美元为定期存单的金额单位，有30天到5年或7年不等的期限；大额存单基本上可属于无风险收益产品，在央行实施大额存单暂行办法之后，大额存单成为投资者关注的热点；银行理财是有风险的，其风险分为5个等级，但是大额存单属于无风险收益产品。——译者注）的投资会得到1%的回报率，这听起来简直就是个拙劣的笑话，特别是当股票的价值正在迅速飙升的时候。

然而，如果市场出现回调或者股市崩盘，当初看笑话的人恐怕就笑不出来了：在那样的世道之下，投资者会庆幸手中持有的是现金或者定期存单，相比投资持股招致的巨大损失，那微不足道的1%或2%年收益率看起来就会相当令人满意，1%的年收益率并不多，但这总比亏钱好；话说回来，当利率上升时，低回报率的定期存单实际上可以是一个明智的选择。

您也可以把钱投资到货币市场基金上，它的回报率会略高于银行存款，简单地讲，货币市场基金是投资于短期证券如定期存单和商业票据的共同基金。

您还可以直接投资美国政府发行的国债，它的优势在于其安全性，因为这些债券有美国政府的支持。

还记得我们曾经谈到关于多样化投资的问题吗？将您多余的现金一部分保存在一个货币市场的账户中，就能保护您的资金免遭凶猛熊市的荼毒。除此之外，如果您做好了充分的准备，还可以用手头多余的资金购买您最喜欢的股票或共同基金。一个谨慎的做法是，要准备额外的现金来应付突发紧急情况和支付意外的开销。没有法律规定您必须把自己所拥有的每一分钱都投资在股票市场上。良好的财务策划，就是要在保证手头上有足够现金可以应对突发紧急事件，然后用剩余的资金投资股市。

当定期存单向您支付的收益率少于每年5%的时候，还有很多人接受这么低的利率，因为他们害怕（或不理解）其他各种投资方式。只有当利

第 15 章　期权、债券、现金、房地产、外汇、新股首发上市和期货交易

率上升时，将您的资金存放在定期存单和货币市场基金里不流动，才会显示为一种明智的理财方式。

房地产和房地产信托投资基金

对个人投资者来说，最聪明的投资之一，就是购买他或他自己的家。不仅您将在贷款利息上得到税收减免抵押，而且随着时间推移，您的房子很可能会增值（当然，没人能保证房价一定会上涨，因为这还在很大程度上取决于您的房屋所在位置和经济大环境，但无论如何，自己购置一个家通常都比租房更便宜，这样您可以以传统的方式构建属于自己的固定资产，并且最重要的是，拥有自己的房子，这感觉太棒了）。

拥有一套住房的最大缺点，在于房地产是一种非流动性投资（不同于投资股票或共同基金，您无法很迅捷地将房产出售变现），其他缺点还有，如果您出于某种原因没能及时偿还您每月的按揭，银行可能会收走您的家。

当您拥有自己的家，您还必须支付房产税、房主保险金和购房贷款利息。然而，即使有这么多缺点，拥有自己的家仍然是有价值的财务目标，尽管并非对每个人都如此。

许多人把房地产当做是一项投资，这包括购买一份可供居住的资产，比如单户住宅、公寓或是联体别墅等。您也有机会以更高的价格出售您的房屋，或是将它转手出租。但是，在广泛充分的调查研究完成之前，您最好也不要轻率地购入房地产。

购买房地产的一种替代方法，是投资一份房地产投资信托基金——这是由公开上市交易的公司发行的基金，这些上市公司的股票可以在至少一家股票交易所自由购买和出售。这些公司购买和管理的房地产种类繁多、遍布各地。

注意：购买房地产信托投资基金或房地产信托投资基金的 ETF 期权，

是操作更方便的投资房地产方式。

与直接投资房地产不同的是，房地产信托投资基金具备一项主要优点——流动性，不仅如此，房地产信托投资基金提供给投资者亲身参与购买和出售房地产而不必亲自动手的好处；风险自然是有的，这些公司或者基金经理可能会做出糟糕透顶的房地产投资，从而导致该房地产信托投资基金的价值下挫，其他风险还包括：银行利率上升导致借贷成本上升，房地产信托投资基金价值下挫。当然，如果出现相反的情况，即银行利率下降，房地产信托投资基金的价值就会提升。

外汇交易

外汇交易有好些优势，但它同时也有不少缺点。首先，那些可以进行外汇交易的市场（外汇市场简称 forex 或 FX）就不是初学者应该涉足的地方，在那里很容易迅速赔光您所有的资金。尽管如此，如果您感兴趣，以下我就简短地向您介绍如何进行欧元、日元或美元之类的外汇交易。

外汇市场具备非常强大的流动性，这意味着您在任何时候都可以迅速地投入或退出一笔交易。外汇市场全天 24 小时开放，每周有五天的交易日。它的另一优点是，外汇经纪商都不会向您收取佣金。经纪商通过不同币种的货币价差赚取利润。我的一位从事外汇交易的朋友曾打趣说："他们赚钱是因为您购买外汇时给价太高，而出售外汇时又要价太低。"

当您第一次接触外汇交易这种投资方式时，您可以选择以货币期货市场作为起点，这里的交易方式是一种物理的交换。或者您可以尝试去外汇现货市场，在那里您将通过经纪人代理交易。如果您是一位初学者，您多半适合从这种买卖现货的即期外汇交易起步，因为从这里开始，您就不需要太多的资金作为前期投入。

首先您需要知道的是，外汇交易总是成对地进行（术语叫做货币兑换——译者注），具体来说，您购进某一种货币同时会售出另一种货币。

第15章　期权、债券、现金、房地产、外汇、新股首发上市和期货交易

举例来说，如果您打算卖出欧元兑换美元（即 EUR/USD），这是一种常见的交易，您可以买多美元并卖空欧元（也就是说您相信与欧元相比，美元价格会走得更高）。因为有28种主要交易货币可以和8种主要交易货币做成货币汇兑，所以您可以有充分的选择空间。

货币价格的上涨和下跌是以"点"为单位的，一个点等于10美元。虽然这看起来是一个微小的增量，但理论上来说，您却可以因为一个点在一天之内赚取或者亏损难以计数的大笔资金，关键在于杠杆作用，这既是外汇交易的奇妙之处，也是导致其高风险的原因。由于杠杆作用，只要投入少量的资金，就可以赚取（或者亏损）数倍于您初始投资的金额。

巨大的杠杆效应吸引着众多的交易者来到外汇市场。在股票市场通常提供的还是2∶1的融资比率时，在外汇市场上，您已被允许使用50∶1的融资比率；换句话说，就在这种融资比率下，您每投入1美元的成本，就能实际控制50美元的资金。因此，如果您投进1000美元本金，您就可以在外汇市场控制最高50000美元的资金。这就是杠杆的威力。

很多初学者亏损掉的都不仅限于其最初投入的1000美元，而是远远超过这个数目。如果您也打算参与外汇交易，请记得一定要坚持与那些受到严格监督与管控的知名的大型美国经纪公司合作。

如果您一定要从事外汇交易，请记得从模拟交易起步。这就好比在股票市场，您应该从持有很小的仓位并使用投资策略开始。请始终铭记：您的交易对手是那些拥有比您多很多年实战经验的专业外汇交易员们。您也不要期望每个月都赚取固定金额的收入，毕竟那是无法保障的。您要等待合适的机会，而不是频繁地进行交易。

想要通过外汇交易来赚钱，是在走一条艰难的道路。如果您是一位初学者，首先要尽您所能的学习一切关于股票市场的知识（然后接下来学习关于期权市场的知识），学好这方面的知识之前，您不应该有轻易涉足外汇市场的打算。别忘了，您在这里可能亏损掉的金额，可能是您初始投资的许多倍。

投资新股首发

第一次向公众出售的股票被称为首次公开募股或新股首发（全称 Initial Public Offerings，简称 IPO，在华尔街，我们描述这一过程为"上市"）。对于上市企业来说，新股首发是一个激动人心的时刻。对于一家公司来说，上市能获得的最大好处在于这家公司获得了向公众筹集资金的许可，它可以用这笔钱来扩大规模，还清债务，或者投资于某种新产品的研究和开发。

除此之外，首次公开发行上市一旦成功，可以使公司内部人员变得十分富裕。首次公开发行上市有两种情况：启动式募股，即新组建（由一家白手起家的新公司发行新股），或者是私营体制的运营公司做出决定，向股份制企业转型。

准备公开上市的公司会雇用一个或多个华尔街主流的投资银行（这里我们称他们为主承销商）来负责管理新股首发的进程，并负责将首次发行的股份出售到二级市场（也就是股票交易所）。这些新股将在交易所被买卖和交易。当前的股东负责决定向公众出售和发行多少股份，然后由（负责承销的）投资银行帮助设定新股的初始价格范围。

在任何一家公司上市之前，公司的内部人员（也就是员工）就会经常收到公司发给他们的原始股份（即内部员工股），作为他们薪酬方案的一部分。现在这家公司要上市了，员工就可以将自己手中的股份兑换成现金。同时，投资银行与承销商们共同携手，倾力促成投资者们对这家企业的兴趣。承销商们通过确立新股的发行价格、激发市场对这只股票的兴趣，并通过承销商网络向公众销售这些股份，据此赚取丰厚的佣金。

一旦这家公司上市，为主承销商工作的研究员们就可以提出购买该股票的建议，并发布对于这家上市企业的各种正面评论。事实上，他们根本没可能做出任何负面的评论，所以请忽略所有主张购买的建议。

第 15 章　期权、债券、现金、房地产、外汇、新股首发上市和期货交易

早在脸书公司 2012 年首次公开募股时,我们就曾见证那次新股首发的威力。当时的公司市值超过 1000 亿美元。经过媒体一番炒作,市场对该股票的巨大需求被激发出来。事实上,由于当时投资者的需求如此巨大,脸书在其原计划首次公开募集的股票份额基础上,又增发了 25% 的数量。警示:如果一家公司的首次公开募股在媒体上不断炒作升温,就成为一条线索,暗示无论您有多钟爱这家公司或是它发行的股票,都不应该再跻身其中。当时成千上万的散户投资者们听说了脸书的首次公开募股,迫切想通过他们所熟悉的股票品种大赚一笔。事后绝大多数观察人士都认为,这次新股首发的主承销商摩根士丹利银行承办得十分糟糕。

在新股上市后第一个交易日当天,紧接着几个技术性问题之后,脸书的股价微涨了一点(涨到超过其发行价的 10%),但并没有什么出奇的表现。虽然这次新股首发对这家公司来说是成功的(发新股筹得了超过 100 亿美元的资金),投资者们还是遭遇了几个月里股价缓慢下跌 50% 的糟糕后果(尽管一年之后,股价终于回升到了当初的新股首发价之上)。

对于既没有内部关系又没有选股资格的散户投资者来说,想要玩转新股首发的游戏可不容易。一些交易者曾因新股开盘急涨而通过打新股小赚了一笔,那主要是因为他们抢占了先机(另外,如果您在一家成功启动新股首发上市的公司工作,那也会对您有所裨益)。

如果您想要参与到某家公司的首次公开发行中去,无论如何,首先您要确保仔细地阅读了招股说明书。这是一份提交到证监会备案、具有法律约束力的文件,其内容涵盖了该公司的未来规划以及当前的财务状况。阅读了所有的相关风险后,您可以请经纪人帮忙购入一些股份。但如果您没能以新股首发价买到股票,请尽量避免购买上市新股,因为当它开始在交易所交易的时候,再想以具有竞争力的价格买进,为时已晚。

提示:只有经纪商的大客户才能以新股首发价买到任何热门股票的股份。

期货：投资大宗商品

期货市场可以向回追溯到中世纪的日本，当时丝绸和大米之类的大宗商品，需要在某一特定日期之前提前交易（虽然早在13世纪的英格兰，就有关于非正式的期货合约交易记录）。无论这两国的期货如何起源，在美国，期货市场最初成立于芝加哥，其目的是帮助农民在收割季之前能预先获得订单，以便能提前收到定金，并锁定粮食出售的价格，这样他们就不必费尽心机揣测收割之后的粮食价格了。

在出现期货订单的基础上，1848年美国中西部的粮食贸易商们，联合芝加哥的富商创建了芝加哥期货交易所（简称CBOT），作为农产品期货合约集中交易买卖的机构。

到1865年时，芝加哥贸易委员会创建了标准化的期货买卖合约，称为期货合约（或远期合约、期货契约），用于从芝加哥地区的农民那里订购粮食。粮食和其他农产品的交易，被集中到芝加哥交易所的交易大厅里进行，大家亲切地称交易场所为交易池，参与交易的买卖双方在此公布他们的报价和还价，通常是扯着嗓门嘶喊，这种方式被称为公开喊价。和公开喊价搭配使用的还有各种手势，交易员通过手势将期货合约的价格和数量等信息示意给和他们的交易对方。每种期货商品都有自己特定的交易池。

1919年，芝加哥期货交易所旗下的一个分支——芝加哥黄油和鸡蛋理事会，更名为美国芝加哥商业交易所（简称CME，别称"Merc"）。2007年，芝加哥商业交易所和芝加哥期货交易所合并，成立了CME集团。虽然我们相信将来还会有更多的兼并和收购，但芝加哥作为芝加哥期货交易所和美国芝加哥商业交易所这两个世界上最大的期货交易所的所在地，将被人们铭记在心。近几年来，虽然公开喊价作为一种交易方式，仍在一些大宗商品的交易中保留使用，但期货交易所却已将交易模式转型成应用无线设备进行电子交易。

第15章 期权、债券、现金、房地产、外汇、新股首发上市和期货交易

期货市场和期权市场的专业术语其实非常接近，举例来说，一份期货合约就是一种衍生品，这意味着它的价值是从标的资产，如玉米、大豆或货币衍生而来。事实上，期权市场是期货市场和股票市场的延伸，是在期货和股票交易所的这些成功交易模式基础之上创建起来的。

在期货市场上，人们购进和卖出大宗商品，如农产品（糖、玉米、咖啡）、货币产品（美元、欧元、日元）、贵重金属（金、银）、石油产品（采暖用油、汽油），利率产品（国债）以及股票指数和股指期货产品（日经指数、德国DAX指数、道琼斯平均指数）等。

期货市场规模巨大，其交易量已经超过纽约证券交易所的股票交易数量。举例来说，股票市场的交易额通常以1亿美元计，而期货市场的交易额都以万亿美元为单位。

当您在期货市场参与到一项合约中，就默认了自己将接受现货商品的交割（想象一下，如果1000吨咖啡被堆放在您家门口的草坪上，邻居们会想些什么）。

主要使用期货市场的两类交易者，分别是投机商和套期保值者。套期保值者利用期货市场作为一项保险策略，或者锁定一种交易价格。例如，像星巴克这样的公司，就会使用期货市场来锁定它必须购买的咖啡价格，并理所当然地选择商品的实物交割。

另一种交易者即投机商，则只是把期货市场作为交易的场所，他们想方设法通过交易赚取利润，来增加自己的收入。这如同他们在股票市场从事的交易一样。他们并不打算接受商品的实物交割，只是想要赚取价差从中获利（因此，除非您真打算接收1000吨咖啡的实物交割，您应当仅限于参与期货合约的买卖交易）。

期货市场使用一定比例的保证金制度，这种保证金制度是以按市价调整额度（简称MTM，以收盘价为基础重新估价保证金盈亏——译者注）为基础的。如果一份期货合约曾经价值1000美元，而在一个交易日结束时该合约价值只剩500美元，那么亏损掉的500美元的保证金差价就会直接

从您的账户中被扣除（以现金的方式取走）。除了按市价调整额度之外，期货交易者们还需备用现金担保，这意味着您的账户在每个交易日结束之时要么无负债，要么必须追加现金来补仓。按市价调整保证金的规则，摧毁了许多缺乏资金准备的期货交易者，他们按此规则被迫要立即（以现金方式）追补盘中产生的所有浮亏，否则就会被强制平仓。

　　总的来说，期货市场虽然是一种有用并且必要的交易平台，但我们并不推荐新手贸然涉足其中。

　　注意：在股票开市前看看股指期货的行情走势，是个实用的技巧，这样您可以更方便地估算和预测股市大概会高开还是低开。不妨到彭博资讯（www.bloomberg.com）去看看美国股指期货的情况，或浏览一下其他国家股市的指数价格。

第 16 章　什么原因造成股票价格涨跌

　　一旦参与到股票市场中来，您就不得不随时关注可能影响您所持股票价格的所有因素。有些突发事件看似无妄之灾，也许是一次货币危机、一场战争或某个海外市场的崩盘，都有可能给美国股市带来一场浩劫。这些事件中的任何一次，都可能迫使股市投资者为躲灾求生计而斩仓出局转投现金、黄金或房地产，从而打压市场进一步下滑。然而更重要的是，股市特别讨厌不确定性。

　　作为一个投资者或交易者，您必须时刻保持对外部事件的关注，有时候您确实需要暂时后退一步，先谨慎评估一下市场状况。如果您能预测到即将到来的事件会如何影响股市，您或许可以将您的资金转移到更适当的投资方式。事实上，对股市的整体大环境有一个全面的了解，跟正确选股同样重要。为什么呢？因为牛市环境下许多股票都会上升，而熊市期间即便是最好的股票也同样会下挫。

　　那么是什么原因造成股价的涨跌呢？一般来说，如果买家比卖家在数量上占优势，股价就会上涨；而卖家比买家在数量上占优势，股价就会下跌。这是资本运行最基本的原理，也是我们金融体系的核心。尽管如此，每个交易日结束时，总有股评人士试图破译股市上升或下降的原因，而他们的解释又往往与现实情况风马牛不相及。

　　通常来说，一只股票上扬还是下挫，主要基于人们对它的看法，这就是为何有如此多企业一掷千金大把花钱，打造提升其品牌形象的宣传和广告，参加各种能带来积极正面宣传效果的公众活动。

股市的涨跌则取决于整个国家的公众情绪和经济状况。在此再次强调，这种情绪和状况很大程度上基于感知。如果人们普遍相信经济状况正在改善，相信整个国家也沿着正确的轨道在发展，他们就会更倾向于将资金投到股市；相反，如果人们对于经济环境、就业机会以及我们是否会进入经济衰退期忧心忡忡，他们就会把资金撤出股市。

很重要的一点在于，很多时候，即便人们对自己的资产状况悲观阴郁，即便整个宏观经济正处于风雨飘摇之中，即便整个世界经历着危难动荡，股市偏偏就是一个劲上涨。这就是牛市的力量。如果我们正处在一波牛市行情之中，股票市场往往就会忽略所有的坏消息。反过来，如果我们处在一波熊市行情中，股市就会倾向于对一切消息都做出负面的反应，即便对好消息也是如此。虽然宏观经济状况有可能得到改善（或是在几个月后的不远将来有可能得到改善），股市还是会继续下跌。

股价的涨跌还会受到机构投资者们买卖行为的影响，这其中包括各种共同基金、各大银行以及各家对冲基金等。这些机构投资者们无一例外都具备引发市场波动的能力，因为他们一次交易涉及的股票数量实在巨大。除此之外，还有那些交易的股票数以百万计的高频交易者们，也日复一日地在股市推波助澜。随着每一次谣言的散播或重要新闻事件的发布，这些主要的市场参与者们或买进或卖出，所有这一切都一环扣一环地影响着股市的价格涨跌。

如果说我对股市有所了解的话，那就是绝大多数股民没有能力预测接下来会发生什么，这就是我要依据市场指标（而不能依靠市场情绪）来做出投资决定的理由。除了使用市场指标之外，我还随时注意从其他来源寻找所有有用的蛛丝马迹。

以下是值得您重点关注的信息。

美国联邦储备系统：一个您不能忽视的组织

美国联邦储备系统（即美联储 FED），创建于 1913 年，它是如此强势，以至于其稍有风吹草动都会影响到股票市场。通常您会听到的是关于美联储董事会的动态。该董事会是一个由 7 人组成的指导美联储行动的机构。

美联储有许多职责，包括监控宏观经济，提前预防问题的发生（尤其针对通货膨胀或通货紧缩），并全面管控着整个国家的货币供应量。它手握一个能够直接影响到股票和债券市场的强大武器，即拥有上调或降低利率的权力——美联储可以选择购买或出售价值数十亿美元的美国国债，并通过此举来调整利率。

利率的调整对股市为何如此重要？当美联储降低利率时，人们贷款就会更便宜。毕竟，许多人还不得不依靠贷款来扩大他们的生意或购置房产，这还只是他们贷款的少数几个用途。在购置房屋之后，他们又需要进一步购置家具、各类家居用品以及各种家用电器等。消费者和企业支出的钱越多，对宏观经济也就越有利。

因此，当利率降低后，股市通常会基于其对宏观经济利好上升的期待而上扬；相反，当利率上调后，股市更有可能会走低。有一句大多数投资者们都熟知的流行语，总结得十分精辟："别跟美联储对着干"。当美联储采取行动时，其带给股市的影响往往立竿见影，即便从中长期时间段来看，股市也还是处在美联储行为的影响之下。

如果您正在关注股票市场，美联储上调还是降低了利率，永远都是重要的大事件。股市可能会因为利率下调的新闻而上涨，或者反过来也会因新闻中出现利率上调的消息而下挫。通常在美联储做出决策后，股市都会相应产生戏剧化的波动。

除此之外，关于美联储您还应该知道，从理论上讲，它并不在乎股市，而且，如果您去问美联储的董事会成员，他们也一定会说股市根本不在其考虑范畴之内。但他们确实在关注股市，这是一个公开的秘密。举例来说，如果市场濒临崩溃而宏观经济又风雨飘摇，美联储就可能干预进来，设法下调利率，并采取购买大量长期债券的方式（这也被称为所谓"量化宽松"政策）。

最低限度来说，如果您已经投身股市，那您就应该密切关注美联储的一举一动以及他们声称将要采取的举措。在现实中，您可以反对美联储的决策和行动，但您就要为自己的行为承担相应的后果。尽管如此，美联储有时也会出错，而一旦美联储犯下错误，整个宏观经济就会为之付出代价。

媒体

许多人把媒体当做一种反向指标，换句话说，如果一件事已经在媒体上报道出来，您应该反其道而行之。例如，当股评人士开始频繁出现在电视上和收音机里，并滔滔不绝地谈论所谓崭新的宏观经济或者新一轮不可阻挡的牛市行情时，这就是明确的股市预警信号。种种迹象表明，市场过热就可能会发生逆转。这种事情经常发生，但是许多人往往倾向于相信这些"专家"的话。

反过来，如果您时常看到新闻报道和股评文章在警告崩盘的危险，而股市又迎来一波上扬行情，也就不足为奇了。为何媒体的言论总是和真正的预期背道而驰？因为在预测市场下一步行情方面，大多数金融专栏作家和电视主持人都有着糟糕的纪录。读这本书的原因之一，也在于帮助您分析市场，不再听信那些刚愎自用的所谓权威人士和专家的言论。当您积累了更多的经验，您就会发现股市自有其运行方式，才不会在乎其他任何人的观点。正如一位基金经理所说，股票市场其实就是"伟大的羞辱者"（又译作"伟大的戏弄者"，该词汇出自成长股之父菲利普·费雪的儿子肯·费雪，他也是美国一名知名的投资者——译者注）。

尽管如此，在提前警示可能出现的动荡方面，媒体确是很有帮助的，这里的关键在于如何分辨重要信息：有时一条被埋没在新闻报纸副刊或垃圾版面中，或藏在互联网页犄角旮旯里看似不起眼的无关消息，才是真正的关键要害。

美元：我一路下滑，我无力反弹

您应该密切关注的一个经济指标，就是美元。当美元对其他货币如对日元或欧元势头强劲时，国外的投资者就会购买美国国债，并投资于美国的股票市场。这是好的一方面。坏的一方面在于，美元汇率的强势使我们的商品在国际市场买方的需求量也相应紧缩（出口额度随之下滑），因为我们的商品相对更贵了。强势美元还增加了到美国旅游的难度，因为旅游的成本也随之上升了。

如果情况相反，当美元兑其他货币的汇率下跌，即美元走弱，其他国家的投资者们就可能把资金撤出美国股市（基本上，国外投资者会遭受双重损失：一方面他们手中的美国股票随市场下跌而缩水；另一方面他们兑换外汇也会有所损失）。

如果美元持续下跌，那证明现在不是海外旅游的好时机，因为出国旅行变得相对更加昂贵，也许美元疲软带来的唯一好处是，推动其他国家增量购买美国的各种商品和服务。这会让美国的制造商非常开心（因为这带来出口额的上升）。

因此，如果您已然投身外汇市场，请关注美元兑其他货币的价格是强势还是疲软。

通货膨胀

通货膨胀表现为商品和服务的价格每年增长的比率（百分比）。学习经济学时，您应该学过很多关于通货膨胀的知识。人们投资股票的原因之一，就是为了尽量避免通货膨胀；换句话说，就是为了使其净资产的增长能超过通货膨胀所造成的缩水。

举例来说，假设目前的通货膨胀率为1%，这意味着现在购买同样的商品和服务比一年之前增加了1%的花费。当您购物时，您会发现日用杂货、汽车和房屋的价格都比以前更高。由于通货膨胀，1959年您只需花费15美分就可以买到的麦当劳汉堡包，现在售价为1.2美元。一张在1960年只卖25美分的电影票，现在要让您花上10美元。这就是通货膨胀的力量。

注意：虽然商品价格随着时间推移而上涨，但同时我们的工资也在上涨。当汉堡包卖25美分时，最低工资是每小时1美元。现在虽然一张电影票价格涨到了10美元，但电影观众也比1960年的人们挣得更多。

对宏观经济而言，过高的通货膨胀并非好事，这就是为什么市场会出现消极反应，因为这意味着人们用手头的美元能换取的商品和服务越来越少；反过来说，低通胀率对消费者来说则是好事，因为他们可以承受贷款、信用卡购物的利息，并购买房产。消费者花钱越多，对经济就越好。

之所以说投资股市是一个好主意，原因之一就在于历史上股市总是能轻松对抗通货膨胀给我们造成的损失，其投资收益率的平均水平通常保持在11%。当然，我们无法确保股票市场今年、明年或未来20年的投资收益率还会保持在之前的11%附近。

通货紧缩：一个不寻常的噩梦

通货紧缩就是置身其中的一切商品和服务价格都会下降的经济过程。尽管通胀寻常可见，通缩在美国却十分罕见（然而在日本，通缩的经济环境却持续了超过20年之久）。

在不了解经济常识的人看来，通缩似乎是一件好事。商品囤积导致几乎所有物资的价格都在下降，制造商被迫降低物价吸引顾客。另一方面，公司裁减员工，房地产价格下跌，股市也会经历一段艰难的行情走势。尽管到处价格都低，但却很少有人能拿出钱来购置任何东西。那些真正有钱的人，也更倾向于等待价格进一步下降。

防止通缩最好的方法之一，是通过尽快偿还来摆脱债务，这意味着偿还信用卡欠款和利息，付清汽车贷款，如果可能的话，甚至就还清购置房产的抵押贷款（不过上述最后的这种情况，您需要跟一位税务顾问讨论之后再决定执行）。

此外，强迫自己存更多的钱。如果我们真的处于一个通缩的环境，那些现金最多的人会变得加倍富裕。通缩在美国是如此罕见，我们并无必要对此特别担心，只要关注好宏观经济形势，并在经济学家提醒下，为将会出现的通缩环境做好准备就可以了。话说回来，无论在怎样的宏观经济环境之下，摆脱债务和省钱都不失为一个好主意。

高速发展和泡沫经济

股市里的泡沫经济是这样一种现象：当投资者和交易商们对股票（或其他商品）的抢购达到某种狂热的程度时，价格就会上涨到各种荒谬的高度，买家们仿佛大规模被一种"市场只会走向更高"的错觉笼罩。不久之后，希望快速得到投资回报的投机者们，也都争先恐后入市，掀起一轮狂热的走势。最终有一天，投资者们会恢复理智，买家们纷纷消失，价格也会随之下降。这时又会引发恐慌性抛盘。历史上有过屈指可数的几次股市泡沫，每次泡沫破裂后，投资者们都遭受重创。

历史上最壮观的泡沫经济之一，发生在17世纪的荷兰。早在1635年，为了拥有一个郁金香球茎，人们曾愿意接受任何价钱。这些郁金香球茎成为富人和名人身份的象征，顺势也抬高了荷兰本国皇室成员们的地位。有一些人工培育基因突变的郁金香球茎特别美丽，荷兰人称之为"异种"。投机者们会想方设法购入囊中，接着立即以更高的价格出售。

随着郁金香热不断升温，投机者们也不断推高价格。举例来说，为了购买一个异国情调的郁金香球茎，您需要用作交换的物资包括：几匹马、几头猪、面包、马车、奶酪、啤酒和日用家具（按照今天的汇率，总价超过20万美元）。

这场郁金香热席卷了荷兰全国。与大多数的泡沫经济一样，大多数人不到最后并不知道自己身处泡沫之中。那时候，人们确实以为郁金香交易将永远持续火爆，购买它是明智的投资方式。许多投资者们都希望，能用他们的房产或贵重的画作换取一个郁金香球茎。

不仅如此，一些投机者为加倍获利，还发起和参与了以郁金香球茎为标的商品期权买卖。随着认购期权价格攀升，投机者们又将卖出更高的价格。有些人居然在根本不曾购得或持有郁金香的情况下，就已经赚得盆满钵满；也有一些郁金香经销商购买了认沽期权，作为预防郁金香价格下跌的一种对冲保护措施。

到了1638年，"郁金香泡沫"突然以非常意外而又戏剧化的方式破裂了，一时之间，原本千金难买的郁金香，价格一落千丈，人们环顾四周继而面面相觑，这才开始质疑：当初怎么会有人为了一株异域之花押赌这么高的价钱呢？

从某个角度来说，这场荒唐的泡沫类似"配乐抢椅子"游戏，当音乐结束，泡沫也就破裂了。仅仅几个月之前，对郁金香球茎求之不得、争购无门的人们，现在只恨不能尽快抛售。许多家庭连祖上基业都赔得倾家荡产，恐慌四处蔓延，并且导致荷兰经济崩溃。

1929年股票市场崩盘

美国同样也曾有过自己的泡沫时期。早在20世纪20年代初，那时美国股市的交易者，主要是那些闲暇之时来股市做交易的有钱又有闲的人。当初的股价波动很厉害，在那10年的大多数时间里，股市都在持续地上下震荡，然而到了1927年，却出现了一个强劲的上涨趋势（也就是我们所说的牛市），即便是没有多少身家的小投资者，也开始为股市痴狂。

随着信用卡消费被引进人们的生活，中产阶级的成员们开始有能力购买汽车、洗衣机、吸尘器、高级服饰和无线广播设备等，以前这些商品只有富人才能买得起。与此同时，钢铁业和机械制造业的产出也增加了。

在当时信贷经济的影响之下，股票市场同样蓬勃发展。虽然各家报纸频繁对此大肆宣扬，却也所言非虚。"牛市来了！"这样的标题高调而耀眼。很快，每个人都开始梦想着通过投资股票来发家致富，这里面甚至包括那些以前从未涉足投资的人，有人以为股市会永远上涨。

那些买不起股票的人们，还可以通过非常优惠的利率来贷款，或以保证金方式购买股票。保证金的要求低至10比1，也就是说如果您有1000美元可用于投资（在那个年代也算是一笔巨款），经纪公司会借给您额外的9000美元。

第 16 章 什么原因造成股票价格涨跌

似乎每个人都在投资股市。随着越来越多的人入市，股票价格也被不断推高，从某种意义上说，当时的情况就像一个巨大的庞氏骗局。

当时的柯立芝政府对此采取了自由放任的态度。那时美国政府想让资本的力量不受外力干扰自然运行。然而随着股市越来越不稳定，经济也开始不断恶化。后来新当选总统赫伯特·胡佛才意识到必须采取一定的手段，当时本打算收紧保证金方面的审核但不要引起投资者的恐慌，不幸的是，投资者们还是恐慌了。

在一系列可怕的休市和开市、停盘和复盘之后，市场最终于 1929 年 10 月 24 日崩盘。投资者们投入市场的逾 100 亿美元资产，在那天的中午之前灰飞烟灭。成千上万愤怒而又震惊的投资者们挤满了纽约交易所，亲眼目睹了股市崩盘。到了中午，整个股市已然成为一个"死亡的漩涡"。

来自世界各地的投资者们，都对当时的巨额经济损失恐惧不已。到了 1929 年 10 月 29 日，市场将过去一年的利润跌了个精光——然而这一切仅仅只是个开始，在之后的三年内，市场又从 1929 年 381 点的高点下跌了 89%。

1929 年股市崩盘的原因之一，就是因为保证金购买股票制度。随着股市下跌，当时以保证金购买股票的人们，都拿不出钱来偿还所欠的借贷，这迫使投资者们不得不以超低价格出售股票，来偿还其拖欠经纪公司的债务，而当初出借保证金的银行和券商，以抵债的方式接手了申请保证金的借贷人的储蓄账户、房产以及其他任何可以拿得出的财产。1928 年还是一片繁荣的股市，到 1929 年却只剩下满目疮痍。

股市崩盘之后，经济学家们试图找出症结所在。很明显，许多人曾经忽视了股市价格虚高的种种迹象。例如，当时许多上市公司股票的市盈率（市盈率是衡量股份制企业盈利能力的重要指标，其计算公式为：市盈率＝每股价格/每股税后净利，该指标反映了投资者对每股税后净利所愿支付的价格——译者注）极高，远远超出了市盈率 15 的历史常态。除此之外，美联储当时也曾决定提高利率，这在许多经济学家看来也是错误的举动。在原本经济衰退终于演变为全面萧条的这件事上，国会的插手同样脱不了干系——在此期间，国会将所得税翻了一番，并提高了进出口关税。

还有一个问题发生在银行的运作方面。在对外贷款的额度上银行很少受到限制。这次股市崩盘事件后，许多银行的客户无法偿还贷款，迫使许多银行也关门倒闭，以至于最后许多人坚信：欺诈和内幕交易才是罪魁祸首。在最初的股市崩盘之后，美国进入了为期三年的熊市阶段。直到 1932 年，道琼斯指数才终于在 41 点触底。

之后的美国总统富兰克林·德拉诺·罗斯福，为了缔造股票市场的稳定和信心，采取了一系列前所未有的措施。1934 年，罗斯福总统创立了美国证券交易委员会（SEC），这是一个旨在确保股市运行和保护投资者的政府机构。

对于政府干涉私营部门，华尔街始终保持怀疑的态度，但政府采取的一步步措施，最终有效地扭转了宏观经济局面。道琼斯指数在接下来25年之后才重返当年的381高点，1929年购买了股票的人们，绝大多数没能活着看到他们的股票回归当初的成本价。

说起来，美国股市也算是历经风浪，繁荣过也萧条过，1929年的股市崩盘和之后的经济大萧条，却实在是极其罕见，我们希望这样的事件今后不会再出现。

互联网泡沫

在刚刚过去的20世纪90年代末，许多互联网股票以一天几十个点的速度暴涨，将众多股民变成了"纸上的百万富翁"。投资者被冲昏了头脑，以为所有互联网题材的公司都能发大财赚大钱，相应地这些公司的股票也都将持续不断走高。

类似Excite@Home、Pets.com、HomeGrocer.com之类的互联网公司或电信运营商，以及其他数以百计的公司所发行的股票价格，都被哄抬到高得离谱的地步，连当时一些根本没有盈利的互联网公司，其股票市值也高过一些美国最大型的传统企业。

互联网泡沫最后以悲剧告终：许多较小的互联网公司破产，但即使是知名的大型科技公司，其发行的股票也都随之大幅下挫；那些曾经的"百万富翁"们，如今除了还持有大把不值钱的股票凭证之外，两手空空。

尽管互联网是历史上最具深远影响力的发明之一，但如果持有了错误的互联网股票，投资者仍然有可能倾家荡产。

之后在不到十年时间里（即21世纪初），还出现过一波房地产泡沫，导致房屋价格上涨到先前的两到三倍。有些人根本不是为了真正持有房产，仅仅通过倒手买卖就大发横财。整个国家被房地产热席卷，似乎无人考虑过房地产或房地产企业的股票价格也会有下降的可能。具有讽刺意味的是，房地产泡沫还帮助推动了另一波股市泡沫（和房地产一起推波助澜的，还有利率的下调）。

就像郁金香的泡沫经济一样，房地产和股市泡沫在某一天戛然而止。投资者环顾四周，开始奇怪自己当初怎么会将如此大量的资金投入股市，却得不到或只得到极少的回报。许多同样被炒得炙手可热的房产，也突然间价格暴跌，又引发了一波关于房产赎回权的危机。

房地产泡沫的破裂，也推动了股市的崩盘。持有股票的人们，眼睁睁看着自己的投资组合价值下降了50%或者更多，甚至好些著名的金融公司持有的股票，价格也都重挫达80%到90%。名声显赫的大牌公司如雷曼兄弟和贝尔斯登，随之宣布破产。

> 尽管住房价格在其后多年都保持低迷，股市倒是没过几年就涨回了原位。但许多投资者"一朝被蛇咬十年怕井绳"，他们如此害怕遭遇另一场股灾，以至于干脆彻底退出股票市场，从而又错过了美国历史上最强劲的牛市之一。
>
> 高速发展和泡沫经济：股市总是在轮番上演着这样的故事。

在接下来的第六篇，您将进入这本书的观点章节：我会一一解答之前留下的问题，并为您提供各种方案和建议——您也可以忽略我的意见，但您应该会觉得最后的部分颇有趣味。

第六篇

作者的诚挚建议

第六篇

代活的故事寫法

第 17 章　为什么投资者会亏损

我曾经从自己采访过的一些顶级投资者和交易员们那里获益良多,这些年也在不断总结自己在股市的成功和失败经验教训。在本章中,我将帮助您避免犯我在股市犯过的那些错误。

股票市场的机制是相对简单的,真正困难之处,在于如何才能赚到钱——投资者之所以赚不到钱,原因之一就在于他们总会犯错。

犯错本身并不可怕,事实上,我们所能犯的最大错误就是不肯承认自己犯了错。中国有句古话,"过而能改,善莫大焉",我从自身失误中学到了很多,并一直努力争取不再重蹈覆辙。

还有一些事情您应该知道:许多投资者错误地听信别人的说法,对市场行情的反应太过情绪化,基于恐惧和愿望而不是基于事实,去进行股票的买进和卖出,而且从来没有自己的一套操作原则。

我写这本书的目的,就是提醒您不要随波逐流,为您阐述成功驾驭股市所需要的一些工具和策略。这里没有惊天秘笈,所言都是基于实践和错误总结而来。大多数时候,我们最大的敌人就是我们自己。

一些最常见的错误

以下是投资者们爱犯的一些最常见错误,恕我直言,有些错误您也会犯。本书的目标是避免重复任何的错误，但我们将着重避免那些带来最大麻烦和损失的错误。

错误1：不出售亏损的股票

不能迅速摆脱亏损的仓位，是摧毁众多股票账户的"头号杀手"。出于各式各样的原因，主要是心理因素，人们总是过长时间地持有手头那些已经在亏损的股票。

如果您以低于当初买入价的价格卖出一只股票，您可能会痛悔自己没有及早出手。面对资金的亏损，您还必须低头认输。其实无论卖在怎样的价位上，似乎您永远可以卖得更好。您原本可以卖得更高，但那已经是过去式了。您不该一直纠结在自责的情绪中。您真正应该考虑的，是之后的下一笔交易和投资。别忘了，在股市赔钱算不上错，因为并非每一笔交易都能挣钱；但如果您让一点小小的亏损，一步步恶化成为巨大的损失，那才是大错特错。

小亏损会变大的原因之一，在于有些人总以为自己选股票不可能有错，还有一些人努力说服自己，相信股价总有一天会回归（这虽然可能，但与此同时他们错过了许多其他已经走强的股票）。

在每一场熊市行情的最初阶段，许多人在他们手中股票价格下降了10%到15%时，仍不放手，而且有时他们还会补仓（即所谓"逢低买入摊低成本"的投资策略）；尽管当时仍有足够的时间出仓，承受相对小的资金损失，但很多人却偏要选择对已经浮亏的仓位继续持有，甚至进一步补仓。

通常要等到几个月的熊市行情之后，人们才会意识到，自己持仓不放的时间太久了（等到已经丧失了80%—90%的投资再去清仓出局，真的为时已晚，除非打算直接销户）。

如果亏损了超过7%—8%的投资，就要赶紧清仓（对我来说，一旦我的损失超过 5 个百分点，超过我的 5% 守则，那就是一个警告信号，接下来我会把这只股票放在我的预警股票清单里，如果该股不反弹而是继续下跌，我将毫不犹豫地把它卖掉）。

亏损了投资，期望也没能实现，游戏该结束了，要赶紧抛掉亏损的股票。最重要的是，股票赔钱时要当机立断，如果发行这只股票的公司看起来基本面强劲，而这只股票下挫并跌破下方支撑位（跌破的原因可能不会立即真相大白），对此只应该有一种反应——清仓。

注意：如果您在底部的价位购入一只股票，之后这只股票横盘整理很长一段时间，然后下滑 7 到 8 个百分点，这时也许可以继续持有，尤其当它技术面上表现强劲（即没有向下跌破支撑位）。

如果一只股票在一轮上扬行情中向下走低，此时采取"逢低买入"的策略仍然可能赚钱。要想使"逢低买入"的策略成功，您必须非常了解这只股票，并仔细研究它的个股表现。

举例来说，如果一只走强的股票在 40 美元到 45 美元之间反复震荡，当它下一次价位再落到 40 美元时，您就可以买入。短线交易者通常会在价格接近每股 45 美元的位置将其售出，长线投资者们则可以考虑更长久地持有，但首先需要通过查看图表和确认技术指标来谨慎验证。

如果您遵循这个规则，一段时间下来，您将会为自己积累出一小笔可观的利润。不要去与整个市场或某只个股的走势较劲。如果您在一只股票上亏了钱（或在其他资产上吃了亏），趁这个损失您还能承受时，赶快出手。对于已经亏损的仓位执意不放手，可不是我们推荐的做法。

错误 2：让原本有利可图的交易功败垂成

没有什么比眼睁睁看着一只原本可以盈利的股票变成赔本买卖，更伤自尊（同样伤害您的投资组合）了。有时候，眼睁睁看着赚到手的钞票人间蒸发，比从未在股市上赚过钱还要痛苦。还有少数一些人爱上了他们选择的股票，他们很难相信自己最爱的个股在价格上不会重返它们曾经的高位。

随着您在股票市场上经验不断积累，您也许会如愿以偿地买进龙头企业的强势股。在我看来，无论其身世如何，一旦某只个股开始从它的高点回落，或是已经达到了您的目标卖价，此刻就应该果断出局。

注意：如果您是一位像沃伦·巴菲特或彼得·林奇那样聪明的投资大师，而且您知道如何计算一家上市公司真正的核心价值，或许您善于无限期持有某些股票。然而，我们这些普通投资者却鲜有底气和能力能将手中仓位持有几十年之久。售出手中股票以确保收益（尤其减少损失）是有意义的，至少我这么认为。

如果您持有一个盈利的头寸并且已经在赚钱，补仓也是合情合理的操作方式；换句话说，就是增补获利头寸并出售亏损头寸。这办法听着简单，执行起来却十分困难。即便您不想增补获利头寸，也不要犯下过早出售盈利股票的错误。

合理管理盈利的股票头寸并不容易：一方面，您不会希望过早出售，错过未来可能的收益；另一方面，您也不会希望出仓太迟，失去您应有的利润。

错误3：过分情绪化

股民们经常赔钱，最重要的原因之一，就在于他们对自己的股票总是过分情绪化。这并不奇怪，毕竟，事情涉及自己辛苦挣来的真金白银，确实很容易对一只赚钱的个股爱不释手，而当该股赔钱时又怕得不敢出售。

有时候您必须做出与自己感情完全相反的抉择。事实上，有时候真正正确的决定，正是那个最令人难以接受的决定。在一场回调或急跌之后，要鼓起勇气购入建仓并不容易，更可能出现的情况是，您也许会打算彻底逃离股市。千万不能在恐惧和慌乱之中做出决定，也就是说，不要在股市筑底时把您的全部资金撤回到储蓄账户。

当股票市场到达历史的高点时,投资者计算着他们赚取的利润,高兴得晕头转向。大众的情绪很难抵抗,当别人纷纷表现出过度自信,甚至自诩为牛市中的天才时,您却必须保持清醒,丝毫不能受情绪的影响。

赶紧减少您的股票头寸,对冲您的持仓量,或重新分配投资组合。别忘了牛市里的积极情绪也可能很快地转变。务必要小心观察,谨慎寻找市场放缓或逆转的各种迹象。

咱们再来复习一下,股市一些即将逆转的潜在迹象,包括市场缩量上涨,导致许多股票上下震荡,或市场开盘强劲,但收盘疲软,尤其这种虎头蛇尾的行情不止一天两天持续出现。以上这些线索表明,机构投资者,即联起手来就可以撼动市场的这些家伙们,已经在着手出仓。

等您读过这本书之后再过很久,又会经历其他的牛市和熊市。一旦股市出现10%到20%的下滑,切记要保持冷静寻机出局,再同样冷静地伺机入市。没必要孤注一掷去试图确认股市的底部。这不是听信那些"永远不再投资股市"的惊慌失措的熟人之际,也不必相信那些提前发现"世界即将毁灭"的预言家们。

同样危险的情况还有,您的财富正是否受到其他过于情绪化的人的影响。我已经为此损失过太多的资金,就因为我听信了那些坚信自己绝对正确、看上去又知识渊博、其实不过是固执己见的投资者和交易员,他们不遗余力四处鼓吹、摇旗呐喊,愤怒狂发电子邮件指责股市"不应该上升",但股市毕竟还是要上升。

我的一位熟人曾经告诉我市场不应该上升的六大理由(政府债务、通货膨胀、其他国家出现问题等),但无论他怎么警告,当时的股市仍然看涨上行,他说的一切隐患全都合情合理,但他却错过了历史上最伟大的牛市之一。

恐惧和贪婪常常危害您的投资组合，而几乎同样危险的还有希望。在获奖电影《肖申克的救赎》中，角色人物瑞德（由摩根·弗里曼扮演）曾有一句台词："希望是一种危险的东西。"在爱情中、在生活中，我们总会一厢情愿，希望问题最终会顺利解决，然而在股票市场，一厢情愿可能会毁掉您的投资组合。如果您继续持有某只股票的唯一原因，是虚无缥缈的希望（而不是出于基本面或技术面的支持），将来您多半会因此而赔钱。一个典型的例子就是，投资者在应该恐惧时充满希望，而该充满希望时又感到恐惧。

您应该采取的最好心态，就是保持中立。不要带着"希望盈利多少"这种先入为主的想法进入股市，也不要对市场的未来走势加入自己固有的想法，让市场来引导您（而不是用您的想法去引导市场）。

使用技术型指标或基本面指标作为参考，有自己的投资策略，并且坚持该投资策略，这远比突发奇想地造出一个观点，然后等待市场去认证您的观点更有价值。切记：只有市场才是正确的，其他一切都不过是过眼烟云。

错误4：买进和卖出之前没有规划

这一点其实我之前已经提到过，但它值得反复强调。如果您没有一个预先的规划，您就是在闭着眼睛碰运气，说不定是靠小道消息或仅凭冲动做出投资决策。举例来说，您某天早晨醒来就突然决定购买黄金，原因是您刚好读到一篇正面宣传投资黄金的文章。或者您也可能基于电视上听来的信息，心血来潮，决定抛售您手头正在盈利的股票之一。

这里的核心理念是，您应该有一个预先的规划，否则您很容易做出冲动的决定，或是听信错误的观点、愚蠢的传言和糟糕的建议。有一个预先的规划并坚持跟进这个计划，除非股市或者上市公司真的出现了什么变化。

误区 5：您并非既严谨又灵活

股市上大多数人是亏钱的，因为他们不严谨。如果您是一个严谨的股票操作者，您就应该有一个投资的策略、一个预先的规划和一整套的操作守则，而且，无论您当时有什么样的心情和感觉，都必须坚持自己的投资策略、预先拟定的规划和操作守则。严谨意味着有足够的智慧，提前知道应该如何操作以及足够的意志力和勇气，来具体执行这些操作。对那些成功的投资者和专业的交易员来说，这一点一直都是有用的。

虽然严谨至关重要，您也需要加入恰当剂量的灵活性，两者之间做好平衡，才能保证您在股市所投资金的稳健增长。一些投资者做出了坚定持股的操作策略，并严谨地遵守这一策略，以致他们停止了思考，而一味盲目地追随他们之前做出的规划。须知，股市总会出现我们意料之外的走势。当整个市场大环境或股价与您早先的规划背道而驰时，您必须迅速反应，采取调整措施。

以严谨为名，一些死板的投资者拒绝承认失败。严谨无疑是必要的，但您也必须现实一些，要能意识到您的投资规划可能会亏损、失败。您必须有足够的灵活性，以便在突发情况下随时改变预设的规划，调整您的投资策略。话虽如此，当所持仓位正在亏损时，并非您应该突然表现出灵活性的时机，那时您应该当机立断斩仓止损，以防损失进一步扩大之际。因为所有的股市规则和操作策略都存在着例外。真正杰出的投资者，能做到既严谨又灵活。如果不能确定自己够杰出，至少要做到保持严谨。灵活行事意味着您必须有能力做出聪明的选择。

错误 6：跟风听信荐股消息并据此展开交易

如果阅读基本面分析或技术分析，会让您双眼呆滞神游太空，这个世界上就还有一个更简单的方法，可以找到适合投资的股票——专家荐股。

专家荐股的美妙之处在于，您可以不做任何研究分析，就能捡到天上掉下来的馅饼。这听起来过分美好，以致令人难以置信。

事实上，在股市里赔钱最容易的办法之一，就是听信别人的个股推荐，尤其是当这些个股推荐来自金融栏目里那些固执己见的"吹牛大王"，或是专栏作家之时。这些人往往充当一只个股的"啦啦队队长"，不遗余力地说服您买入（有时是说服您卖出）。对于天上掉下来的馅饼，人们很难拒绝（尤其当这些个股推荐出自一个您所信任的源头），这里有一些可以降低所面临风险的措施。

首先，您永远不应该在完成自己的基本面和技术研究之前采取行动。您还可以通过股票筛选器（您的代理人应该有一个）寻找值得投资的目标个股。大多数人买一台新电视提前调研的时间都比买股票还要长。很多股民不动脑子，眼睛都不眨一下就敢花 10000 美元买别人推荐的股票，而选购 600 美元的电视机却能花上一个月时间对比调研。

万一您真的听到了"稳赚不赔"的个股推荐而无法抗拒，那么至少您应该先少量购买。如果之后事实证明这次被推荐的购买是无用功，您也仅折损了少量的投资，并且还买到了珍贵的教训。

注意：如果您收到了个股推荐，另一个相对廉价的操作思路是，购买一到两手认购期权合约。通过使用认购期权，您就能提前计算出如果该股不涨，您的损失会是多少。购买一手认购期权虽然是一种投机性操作策略，但确实比直接购买股票的成本更低，折损也会更少。

在选股上应该听从专家的建议吗？通常来说，那些出现在电视上或发言被引用在杂志中的专家们，都是些可怕的荐股人。几乎任何与金融市场有关联的人，都对股市永远持乐观态度。如果股市下挫，专家告诉您"应该建仓买入啦，因为现在股价这么低"；而如果股市上扬，他们又告诉您"应该建仓买入啦，因为如果现在不买，您就会彻底错过这波上扬行情"。对于在电视或广播上听到某只被推荐的股票，并据此作为买入的依据，这种情况我个人会十万分谨慎从事，对于互联网上的消息也是如此。

错误 7：在交易日的开盘 15 分钟内进行交易

一天之中，真有某个时间段是不容易交易成功的吗？根据我的观察，最不适合下单交易的时段，就是每个交易日开始时最不稳定的那 15 分钟（您不该在刚开盘后下订单，虽然并非每次都不稳定，但有些时候确实如此）。

在交易日的开盘期间，股市开始自动消化市场上的委托单和一些出于恐慌的交易订单。正当市场试图走出这段初始化期间的动荡，并确认自己的位置和走势时，一些技术性指标可能就给出虚假的信号（尤其是滞后指标）。

类似的情况还有交易日收市前最后 15 分钟，许多交易员都在平仓，这段时间市场可能特别动荡和反复无常，新手交易员最好能避开这个时段。

随着您的经验不断累积，上述时段也会变得有利可图，因为这时的成交量通常会放大，缺口也容易被回补，您的买单也容易成交。

错误 8：捂盘下跌亏损的股票而抛出获利走高的股票

大多数股民在持有的股票走低时，继续捂盘，期待着有一天这些股票能够翻本。他们还有一个错误，就是将获利走高的股票过早抛出，以确保盈利。然而，那些正在上行的强势个股往往还会继续走高，而那些下跌亏损的个股则往往还会持续下挫。

当然也有许多例外，但总的来说，如果您转变为对正在获利的个股采取捂盘策略，并尽快抛出亏损的个股，您应该可以在投资回报方面看到巨大的进步。大多数人的操作方法正好相反：当持有获利个股时，他们往往小有斩获就过早抛盘，有时反而错过了最大一波上扬行情；而当他们持有亏损的个股时，许多人又倾向捂盘，期待这些亏损的个股会有倒转回本的一天。

投资者使用的策略中，有一种叫做"逢低买入"，即投资者趁着他们看好的股票价格下挫时补仓买入更多的股份。虽然这种策略有时可能效果不错，但以我的观点来看，这是种有点冒险的策略，经常发生的情况是该股还会继续下跌。我曾经在许多龙头股身上都看到了类似情况的发生，尤其那些看上去所向披靡的技术类和金融类个股。在疲软的市场中，任何股票都可能暴跌。这里还有一个教训就是：个股探底时可能会跌破您的预期，而它们走高时也会超越您的想象。

错误9：不使用市场技术指标

无论您是一个投资者还是一个交易员，您总是需要查看各项市场技术指标。股票市场总共有好几十个指标。当然其中最关键的还是市场环境本身。您应该养成习惯，时刻关注整个大盘走势及其他任何风吹草动，并从中及时发现线索。

举例来说，如果股市持续走高，伴随上涨趋势的是交易量放大还是萎缩？市场是否早市开盘强劲而下午收盘又疲软呢？上述信号代表大盘看空。又或者早市开盘疲软而下午收盘转强呢？这样的信号代表大盘看多。

此外，使用一些基本的市场技术指标，比如移动平均线来确定大盘走向。如果均线趋势上扬，就是大盘看多，适合使用牛市交易策略；如果均线趋势下挫，则显示大盘调整或者看空，适合使用熊市交易策略。

错误10：对自己犯过的错误不做记录

作为初学投资者的优势之一，就是即便有所亏损也不足为奇。我知道这听起来很刺耳，但几乎所有投资者初涉股市都会"缴纳学费"。话虽如此，关键还是要靠仅以少量资金参与交易，以及绝不借钱投资的方式，把您损失的金额降到最低。

在股市，犯错在所难免，但不该一遍又一遍重复同样的错误。我们各自都存在薄弱环节。有些人基于未必可信的个股推荐选股建仓，另外一些人对已经亏损的个股长期捂盘，还有些人没有坚定的投资策略。犯下错误并因此资金受损后，应该将这些错误记录在自己的投资日记上。

在您的投资日记里，请逐条记录您决定购买每只个股的原因，该想法最初从何而起，以及您对它的期望价位是多少。要一并列出日期、买入价和手续费，写下您的目标价位，预备在什么样的价位斩仓止损，以及您计划中的卖出价位。如果可能，再记录或描述促使您做出上述操作决策的技术图形走势。您首次交易的目标不应该是为了大发横财，而应该是为了成长为一位更好的投资者。如果您能做到这一点，那不必仅用几周或几个月的时间来投资或交易，您可以学习如何用一辈子的时间来进行股票投资。

错误11：没提前做好最坏的打算

在您入市之前，一定要充分做好准备，而不要担心害怕。尽管我们应该永远抱有盈利的信心，但也要做好最坏的打算。投资者常犯的最大的错误，是认为手中股票不会下跌，他们并没有准备好如何迎接一场持续延伸的熊市，或一次经济衰退、一段市场回调、一件能损害他们的投资组合的突发状况。即便您无法预料到一场金融灾难，也要清楚地知道在什么价位上自己愿意清仓止损。您的计划应该基于逻辑和常识，而不是建立在恐惧情绪之上。

即使犯过许多错误，我仍然能够在股市中幸存下来，原因之一就在于我使用了多种投资策略来保护自己的投资组合，尤其当我看到有证据表明当前趋势即将结束之时。一旦我（基于各种指标）确认趋势反转，就会采取相应的措施：在上涨趋势后继乏力时，我斩仓出局；在下跌趋势开始逆转时，我建仓入市。

基于技术分析或基本面分析，如果您相信一场回调或一波熊市即将来临，以下就是您可用来保护自己投资组合的一些操作步骤和措施：

一是抛出股票、改持现金：在经济不景气、股市又持续下挫之际，改持现金是一种令人放心的操作方式。暂时离场、持币观望、直到市场恢复动力，无疑是安全之选。如果市场真的一跌到底，还有一个反败为胜的方法，即保持充裕的现金，等待股票跌到底部价位。充足的现金持有（这也包括持有国债，如果宏观经济形势真的到了令人担忧的可怕地步），便于您不受情绪干扰地做出决定，合理规划未来的投资方向。

持有现金的问题在于，您可能会因为通货膨胀而遭受现金价贬值的损失，但那样也比在熊市里的亏损要少。不管怎么说，现金在手可以应对突发事件，这始终是针对恐惧情绪的一剂有效药方。

二是不懈学习：如果我们不幸进入一个漫长的熊市，不妨利用这段时间来研究市场、读书、关注和学习基本面、技术分析方法，等到市场趋势反转（迄今为止市场总是还会反转），您将会备足好些个新的股票投资操作的构想。

反过来说，如果我们正经历一场牛市的扩展期（并且您手头现金并不充裕），我个人觉得阅读关于1929年股市崩盘的书籍，如查尔斯·麦基的著作《大癫狂：非同寻常的大众幻想与全民疯狂》，定会有所收获。读这类书能帮助您一方面静下心在家闭门修炼，另一方面又时刻关注人们非理性狂热投资的蛛丝马迹。我还喜欢阅读由艾德温·勒菲佛撰写的《股票作手回忆录》中有关空头大师杰西·利弗莫尔的内心挣扎。

三是有自己的熊市策略：尽管不建议初学者卖空，但您可以购买能市场下跌时赚钱的非杠杆ETF，这可以作为长线持有股票多头仓位的对冲，或单独作为一种可以在熊市盈利的投资方式。作为保障措施，您还可以在股市下跌时购买认沽期权。

重要提示：股市的回调通常不会持续超过一年（当然，总有出现例外的可能），因此，持有空头头寸时间不要过长。要提前做好空头平仓或多头建仓的计划，就像您打算长线投资时那样。

错误 12：坚信市场有其自身的逻辑

不幸的是，股票市场及其参与者并不总是合乎逻辑，正如英国经济学家约翰·梅纳德·凯恩斯所说，"市场维持非理性的时间，可能长于您维持具备债务偿还能力的时间"，如果您想要找到所谓的逻辑，不如去下象棋好了。股票市场的走势往往毫无规律，这就是很多非常聪明且逻辑性强的人们反而在股市赔掉了投资的钱的原因。在宏观经济面临高失业率和政府高债务的情况下，股市仍可能持续攀高。

记住，唯一真实的是股市本身的走势，其他一切都是浮云。

错误 13：您不知道赔钱的正确方式

这恐怕听起来难以置信，但要想成为一个更好的投资者，最好的方式就是先赔钱。那些最有经验的投资者和交易员相信，从失败的选股和亏损中学到的东西，远比从幸运地选股和获利中学到的要多。事实上，有可能发生的最糟糕事件之一，就是您认为自己很容易跑赢市场（尤其在牛市行情中），可在您还没来得及兑现您的收益之前，绝大部分之前的盈利可能已经烟消云散。

如果您在股市亏了钱（或通过其他任何金融产品），记得将这次失利转变成一个具有教育意义的经验教训。相信我，我说的一切都来自亲身经历。我从让我亏损的股票里学习到的，远比从使我获利的股票里学到的多。为确保您使用的股市策略保持在正确的轨道上，为避免自己犯错，要学会如何止损和保护获利头寸。

损失资金可以预见，但拒绝斩仓止损则凸显执行力的匮乏。您的目标之一，是学会如何处置亏损的仓位以及如何应对获利仓位。这意味着有足够的执行力，提前制定出一份交易规划并平仓止损，还要有足够的耐心熬过建仓之前的等待。

行动起来

如果您一份头寸上的损失超过了7到8个百分点，这不是找借口推脱或假装那些只是账面损失的时候。要永远记住，并非股市上一切都会按照您的预期进行，这8个百分点的损失，很容易变成50个百分点的灾难。这就是在某个特定价位斩仓止损如此重要的原因。

接下来，仔细审核您的投资策略，您应该分析手中持有的每一只个股，如果这些个股在赔钱，您应该卖掉它们，再重做评估。

在下一章内容中您将学会，如果想了解更多关于股市的知识，应该到哪里去寻求帮助。

第18章　到哪里去寻求帮助

如果您是一位投资新手，您可能想要更多做一些额外的研究，包括浏览网站和阅读一些针对股市的书籍。

请让我先为您列一份参考书目，以下是我认为有用的书籍名单。

书

针对菜鸟投资者们

《笑傲股市》，作者威廉·欧尼尔，讲授如何在股票市场按规矩、讲方法、系统性地获取利润。

《选股战略》，作者彼得·林奇和约翰·罗瑟查尔德，讲述如何采用长线投资策略在股市中获取利润，涉及方法包括，观察人们在购物中心或其他商店的购买情况和倾向，以及购入个股前详细了解上市公司基本面等。

《通用投资手册》，作者约翰·博格尔，一本小手册，介绍指数共同基金的优势，以及为什么每一位投资者都应该将这些基金加入自己的投资组合。

《股市获利倍增术：十步法建立跑赢市场的股票投资组合》，作者杰森·凯利，一本介绍股票市场的书，和我写的书有类似之处，书中并介绍了凯利自己的投资策略。

针对菜鸟交易员们

《股票作手回忆录》，作者艾德温·勒菲佛，必读经典，讲述20世纪早期富有传奇色彩的交易员杰西·利弗莫尔的交易生涯。

《短线交易入门指南》，作者托尼·特纳，一本针对短线交易初学者的入门通俗读本，介绍了多种交易策略和交易工具。

《以交易为生》（也译作《操盘生涯不是梦》），作者亚历山大·埃尔德，讲授如何把握股票市场的心理挑战，以及如何使用多种技术指标。

《金融怪杰》（也译作《市场奇才》）和《新金融怪杰》，作者杰克·施瓦格，在这两本经典书籍中，作者通过访谈，深入探究了金融操盘成功人士的思维模式。

《我如何从股市赚了200万》，作者尼古拉斯·达瓦斯，这是一本老套但与我们密切相关的经典好书，讲述一位股市新手如何利用支撑线、阻力线和金字塔式交易法在股票市场赚到一大笔钱。

针对有经验的投资者们

《聪明的投资者》修订版，作者本杰明·格雷厄姆，一本旨在讲授价值投资者如何使用基本面分析来确定一家上市公司（及其所发行的股票）是否值得购买的经典著作，格雷厄姆还研究论述了导致投资者投资失败的各种原因。

《经济指标解读》第三版，作者伯纳德·鲍莫尔，这是一本关于如何解读各项经济指标的书，极其值得一读，读完这本书之后，您对于经济学的理解会远远超过您认为可能的范畴。

对投资者和交易员有用的网站

加 * 号表示要求付费订阅。

Finance.yahoo.com（Yahoo！Finance）

Money.cnn.com（Money）

www.aaii.com（AAII）*

www.barrons.com（Barron's）*

www.bigcharts.com（BigCharts）

www.bloomberg.com（Bloomberg）

www.briefing.com（Briefing）

www.candlecharts.com（Candlecharts）

www.cnbc.com（CNBC）

www.fool.com（Motley Fool）

www.foxbusiness.com Fox Business News）

www.forbes.com（Forbes Magazine）

www.ft.com（Financial Times）*

www.google.com/finance（Google Finance）

www.investopedia.com（Investopedia）

www.investors.com（Investor's Business Daily）*

www.kiplinger.com（Kiplinger）

www.marketwatch.com（MarketWatch）

www.money.msn.com（MSN Money）

www.moneyshow.com（MoneyShow）

www.morningstar.com（Morningstar）

www.nasdaq.com（Nasdaq）

www.nyse.com（New York Stock Exchange）

www.quote.com(Quote.com)

www.sec.gov(SEC)

www.seekingalpha.com(Seeking Alpha)

www.smartmoney.com(SmartMoney)

www.stockcharts.com(Stockcharts)

www.thestreet.com(The Street)*

www.tradersexpo.com(Trader's Expo)

www.valueline.com(Value Line)*

www.wikiinvest.com(Wikiinvest)

www.wsj.com(Wall Street Journal)*

有用的应用程序

注意：上述列出的大多数网站都有自己的应用程序，尽管并非全部免费，而以下列出的所有应用程序都可以免费下载。

· Associated Press

· Bloomberg

· MarketWatch

· Real-Time Stocks

· Reuters

· Stock Tracker

· Y! Finance

股票讨论群组

· Groups.google.com(Google)

· Messages.yahoo.com(Yahoo!)

- www.investors.com（IBD Community）
- www.investorvillage.com（Investor Village）
- www.ragingbull.com（Raging Bull）
- www.siliconinvestor.com（Silicon Investor）

除此之外，您还可以加入当地的投资或交易团体，这些团体存在于大多数城市，市场越高端，这些团体也就越受欢迎，这些团体通常会请来嘉宾授课，并和大家一起讨论各种各样的股市策略和工具。

现在，您已经了解了应该到哪里寻求帮助，接下来，我将告诉您我自己在股市上学到的一些教训。

第 19 章　我从股市中学到的教训

我可以告诉您我对于股票市场的真实看法，尽管您可能不认同我的观点。事实上，我欢迎各种反对意见。当我们说到股票市场时，就没有所谓唯一正确的答案——未来必须对在哪里投资以及如何投资做出决定性判断的人，是您自己。

耐心等待是您能赢利的根本

以下是我从畅销书《股票作手回忆录》主人公杰西·利弗莫尔那里学到的：一旦您着手开始建立一个长线的股票头寸，只要它不触犯到您的抛售标准，就要尽量给它时间，让其发展成一个获利头寸；我曾犯过的一些最严重的错误，就是在真正赚取大额利润之前就过早抛出了获利头寸（我同样坚信止损的必要性，利弗莫尔最初就没有止损，他因此破产三次）。

有一次，我花费两个星期设立了一个多头仓位，打算迎接一次利好的美联储声明。我买了一到两只我认为会受益于美联储发布利好消息的股票指数基金（当时有传言说美联储将维持低利率）。

公告的前一周，我的股票上扬了不少，我也有了不错的收益。到了美联储的消息发布前 15 分钟，我接到一位专业交易员朋友打来的电话，他说，"市场即将崩溃"，随即就挂断了电话。这是一个耸人听闻的小道消息，我本应该将其忽略。

然而我害怕了，那时我不想失去已经到手的微薄利润，就抛空了所有的多头头寸。毕竟，曾供职于一家著名的债券公司的朋友比我更了解美联储。结果，当天下午两点，美联储发布了声明，它决定保持低利率。市场对此做出反馈，当日上扬逾 250 点，第二天又上涨 100 点。

那天我真正学到了一些教训：首先，将来不允许自己受其他投资者的影响，即便是那些知识比我丰富、消息比我灵通的投资者；其次，我还学会了对于自己既定的策略要坚持到底，而不能动辄轻率地改变主意。尽管在当时那一轮行情中我没能盈利，但吸取的教训却在后来帮助我避免了巨大的损失。

技术分析和基本面分析双管齐下

几乎每本关于股市的书籍中，作者都预先假设，您会通过技术分析或者基本面分析来进行选股。其实，上述两种方法实际上大可配合使用。如果您是一位投资者，通过观察一只个股的走势图，可以学到很多东西，比如，技术指标如何使用，观察基本行情模式等，同时，除非您当下只做短线交易，您就不应该在确认该上市公司各项基本面指标尤其收益率、市盈率方面确实强大之前，购入这只股票。

技术分析和基本面分析各有其优点和缺点，将两种分析方法搭配使用，您既能深入了解上市公司的各项基本情况，又能具体分析这只个股的价格走势。您将成为一个知识更丰富的投资者或交易员，而且还拥有更多有效的选股和看股工具，这就能赋予您其他市场参与者所不具备的优势。一句话，技术分析和基本面分析双管齐下，是大有裨益的。

买入并保护

多年以来，许多投资者都受到引诱，采取了"买入并持有"这一看似简单却经不起实践检验的股市操作策略。许多投资者实行的，其实是"买入并遗忘"策略，他们期待随着自己持有股票时间的无限延长，赚取的盈利也无限增加。就我来看，您不应该简单地买入一只个股并无限期持有它。让我们来尝试理解，是什么造成买入并持有策略如此广受欢迎。

首先，历史上确实曾出现大规模的公关宣传活动，由华尔街出面，说服投资者买入并持有股票："如果股市迎来上涨行情，您应该果断买入，否则您可能错失即将到来的下一个牛市；如果股市即将下挫，您也应该买入，因为此时个股价格偏低适合建仓。"历史倒真是一贯坚定地证实了这种策略的合理性。从历史上看，标准普尔500平均指数已经回到了平均11个百分点的年回报率水平，但不能保证未来仍将持续获得同样的年回报率。

公众纷纷投资股票市场，就能让华尔街的职业雇员保住饭碗，这就是大多数专家都建议自己的客户们买股票却几乎没有人会建议卖出的深层原因。"您打算卖出持有的股票？开玩笑吧？这些股票总有一天会涨回来的。"他们每次都这么说。在股市回调期间，人们购进股票，并希望在退休之前以前建仓的投资组合会奇迹般地回归之前的高点，其中许多人将会面临巨大的失望。

许多支持"买入并持有"股票的人们，经常用亿万富翁投资大师沃伦·巴菲特的成功纪录，来说服自己和他人。专家们没有告诉您，巴菲特几乎从不购买科技类公司发行的股票，他有分析资产负债表并分辨优劣的能力，并且具备在市场长期低迷或弱市横盘中也能坚持到底的耐心。

然而，普通股民想要效仿巴菲特并不容易。大多数投资者不花时间（或没有能力）进行必要的研究，他们自己选股的情结太重，更糟糕的是，他们经常买入那些错误的股票；此外，在熊市期间盲目持有个股，对投资者的资产也是极其危险的操作方式。

正确的操作策略不是"买入并持有"，而应该是"买入并保护"。您的目标是在牛市里赚钱盈利，而在熊市里尽量减少损失。股市里最能损害您的投资组合和自尊的，就是眼睁睁看着熊市残忍吞噬掉您投资组合的50%（甚至更多）而束手无策。在市场上升期间，您可以买入并持有；但在市场下跌对您造成真正的伤害之前，请及时保护好您的投资组合。

股市对个人投资者并不公平

如果您即将参与股市投资，您必须知道这一真相：股市对个人投资者并不公平。如果您能透视华尔街的幕后种种，就会在这里发现操纵、谎言、篡改以及其他种种能让公司内部人士和华尔街玩家们操纵游戏规则的阴谋策划。不幸的是，那些个人投资者往往完全被蒙在鼓里。

另一种常见的幕后操纵，是炒作低价股，这些手段包括可疑的公司财务状况和哄抬股价。

在我看来，这其中最大的欺骗，莫过于试图说服民众相信股市公平公正，人人都有平等的机会赚钱——实际情况是，股票市场只能算是相对公平，肯定算不上是个公平的竞争环境。业内人士获取信息的速度快过散户投资者，且不论他们还掌握着毫秒之间完成买卖交易的高速设备。举例来说，如果在一夜之间发生了一件能撼动股市的重大事件，则早在整个美国股市开盘之前，华尔街就已经抢占先机（因为他们能够在新闻事件刚刚发生之际立即开始操作甚至是海外市场的交易），远远领先于个人投资者。

当然，股市并非必然永远黑暗，但这需要以下三方面力量共同努力：首先是政府干预（包括一个更强大的、有能力充分运作资金的证券交易委员会）；其次是要有愿意站起来反抗华尔街这些特殊利益集团的政治家们，以及众多不不愿意参与一场不公平游戏中的投资者。在股票市场实现真正公平、公开之前，建议个人投资者还是谨慎操作。

风险和回报

每一本好书都有一个令人意外的结尾，我也不会让您失望。以下就是我的意外转折大结局：在将生命的绝大部分时间投入股市之后，我得出的结论是：绝大多数人，尤其是初学者，真不应该直接入市买卖股票。尽管我相信大家应该耐心，应该学习所有有关股市的知识，但总的来说，我个人认为绝大多数投资者还是应该去买卖指数基金。我知道，作为一个股票投资书籍的作者，我给出了一个不同寻常的结论。

在我看来，买卖股票是一项极难掌握的游戏。个人投资者并没有充分的时间、足够的知识或坚定的纪律去做出明智的股票交易决策：您不能简单地买进一只股票就去睡大觉，您必须时刻守护好自己的仓位，然而，绝大多数人并没有足够的纪律性和充裕的时间，他们仅采取"买入并持有"策略，而这个策略对绝大多数个股来说，都是一种导致亏损的策略，尤其当您的投资组合一开始就没经过仔细精心挑选时。

我真诚地相信，您可以偶尔在某些个股上投机赚钱，也许当出现特别好的机会时，多几只股票投机成功；但通常情况下，大多数投资者无法跑赢股市——事实上，即便很多专业投资者，也无法跑赢股票市场。

与之形成鲜明对比的是，如果购买指数ETF，您就不必去费力跑赢市场，而可以通过跟随市场脚步来获取盈利：在牛市看多行情中，您可以获利丰厚，而如果出现了一波熊市做空行情，您也可以早早抽身，要么减仓，要么干脆彻底离场，转而持有现金，直到市场稳定下来。

注意：如果您没有足够的积累，缺乏纪律性或信心，不能在正确的时间撤离股市，在恰当的时机卷土重来，那么您最好还是去购买并持有一只指数基金，无论行情好坏都不撒手，与之不离不弃、风雨同舟。如果您是位散户投资者，我还是不建议您在个股上采取"购买并持有"的操作策略

（永远不要在横盘市或熊市期间这么做）。

如何在股票市场赚到钱

如果您对股票市场感到兴奋不已，并且认定自己将在这里大赚一笔，无论如何，请在您开始之前留出一小笔资金。在一只个股里赚取 10 到 20 个百分点的浮利，没什么值得大惊小怪。像谷歌和苹果那样的股票，随着时间的推移上涨，其利润可比这大多了，而且股市里也有更多类似的案例。

即使您现在尚未实现太多的盈利，在此这期间，我们所学到关于股市的经验教训却是无价之宝。如果您清醒地意识到各种风险（明白您随时可能赔钱），那就放手开始投资吧（但请从小单做起）。

此时此刻，您可能感觉自己快要被淹没在我书里收录的各种信息中了，请记住：投资中最简单的部分是买入，真正困难的是制造利润并保持盈利。许多初学者常犯的一个错误，就是没有明确的购买意向就贸然进入市场，他们购买任何一只他们也许是从电视里或隔壁某位邻居处听说过的股票。这可真是大错特错。

在您把真金白银投进股市之前，建立起自己的股票买卖策略十分重要。在本书中，我介绍了许多投资和交易策略。如果这是您第一次了解股票市场，您可能想知道哪种策略是最好的。

答案是：这得看情况！这取决于您愿意承担多大的风险、您打算投资交易的时间范围以及您考虑购买哪种类型的产品（股票、共同基金、指数基金、还是 ETF 开放式指数基金）。

话虽这么说，如果您是一个初学者，以下是三种可以帮助您开始投资的策略（这些策略都不是"速成暴富"计划，但旨在于帮助您随着时间的推移而逐渐积累财富）。以下三条股票操作策略，即便您起始资金不足 3000 美元，也会对您有所裨益。如果您是一个初学者，您的首要目标是竭尽所能学习和了解股票市场。

策略 1：投资 401k 养老金计划或 IRA 退休金账户

要把投资股市当做一个更大的财政计划中的一部分，第一步，您应该先找一份工作或创立自己的事业，以便首先积累起足够的现金，应对紧急情况或投资所需。如果您在一家公司工作，公司很可能为员工提供一份 401k 养老金计划，或公司员工内部持股方案。在我看来，这些都是很棒的财富积累途径，只是要小心，别把您所有的资产都投进您供职的公司里。

通常情况下，您可以以优惠的价格购买自己所在公司的股票（或指数基金）。许多购买方案还提供税款缓征，通常雇主会将公司股购买方案与员工做出贡献的程度挂钩。首先，您需要询问一位税收专家，或是您所在公司负责规划员工持股方案的管理人员。

以我的经验来说，能够随着时间的推移积累财富，又能获得税款缓征，还能与自己在公司的贡献挂上钩，这真是可喜可贺。虽然无法保证您将赚取巨额利润，但在本书所提供的各种建议帮助下，您将会在正确的轨道上前进。

策略 2：购买一只指数基金

购买指数基金（或如果您愿意多花些钱委托一位更活跃的投资经理，来购买开放式共同基金），是一种学习股市运作方式的好办法。您可以通过经纪公司购买指数基金，也可以将其作为贵公司 401k 养老金计划或退休金账户的一个组成部分。如果您之前从未从事过投资，则应坚持选择来自大牌基金的旗下成员。请从晨星网（晨星公司自 1985 年起在网上推出基金评级——译者注）开始您的研究，了解各指数，以便做出应该购买哪只基金的决定。切记：尽管以往的业绩并不能保证基金未来的表现，但仍应该首选那些管理费用低廉且长期记录良好（至少 5 年以上）的指数基金和 ETF 开放式指数基金。

投资追随大市值指标的 ETF 指数或指数基金，是进入股市的一种不算昂贵方式。您可能还记得我在前文中提过，每年，即便是交易活跃的基金经理，也有 80% 以上在业绩方面输给大盘指数。您只需要直接投资于大盘指数，就能既节省管理费用，又尽可能地提升了赚钱获利的可能性。

随着交易经验的不断累积，您还可以购买您所熟悉的特定板块或行业的 ETF 基金。尽管 ETF 基金本身已经提供了即时多样化，您还可以通过股票、债券、外汇和大宗商品交易所交易基金等，将投资进一步多元化。

策略 3：从指数基金与 ETF 开放式指数基金中获得交易经验后购买个股

虽然很多人没有时间去研究应该选择购买哪些股票，有时机会也能从天而降。现在您已经读过我的书，也知道了应该如何投资股票市场，您就可以从购买一两只有良好未来预期的龙头个股，开始入市，然后应用您在本书中学到的策略，来管理您手头持有的仓位，并赚取利润。

如果您是一个交易员，还可以尝试逢低买入，当然也可以趁着一轮上升行情的势头高买高卖。只要保持小额投资，您就可以多尝试几种本书中写到的适当的交易策略。

买家注意事项

在进入股市之前，您应该知道在这个您即将进入的战场上，挤满了打算侵吞您资金的金融大鳄，如果打算在这里投资，您必须运用知识来与他们对抗。

如果您不习惯独立完成各股的研究，或使用各项市场技术指标，而必须依靠股票经纪人或电视上某个陌生人来告诉您应该买进或卖出哪只股票，那您十有八九是要亏钱了。

请牢记，投资股市是件严肃的事，您必须为您自己的投资决策承担责任。投资者和交易员有时在市场上赚了钱也不清楚是如何做到的。"我没有采取任何操作，可是请看我赚了多少钱!"不少投资者都曾这么对我说。当我告诉您上述投资者绝大部分初期的盈利最终（在牛市行情结束之时）大都亏掉了，您就不会感到惊讶了。

恭喜您读完了本书，在您合上书本之前，我希望您看一看"结束语"。

结束语：您现在应该怎么做

现在，既然明白了股市的风险与回报，您就可以做出自己的选择。如果您愿意花时间去精选适合您及您财务目标的分析方法、操作方法和股市策略，您就能作为21世纪的投资者，在股市生存下来并获得成功。幸运的是，您拥有比过去任何投资者都更多的工具与信息。一旦您合上这本书，请立即开始思考和规划。在建立交易计划、操作策略和投资组合这几件事上，请不要半途而废。我的建议是，第一，万事从简，第二，从小额投资起步。在保持不断寻找赚钱机会的同时，也请您始终保持谨慎。

我们的另一个目标，是建立足够的信心，以便您可以独立从事投资或交易。如果您有信心管理好自己的账户，您就可以一直自主地投资下去，永远不必依赖于别人的建议（管理自己的账户会带给您相当程度的自由，当然，这也是相当程度的挑战）。

最后，我从自身经历中学到的经验教训是，人们能做出的最好投资，就是投资于人。您把钱花在教育、家庭、某项新的业务或您的孩子身上，或者那些迫切需要您帮助的人身上，那是永远不会错的。话说回来，如果您不把钱花在用于改善您和别人的生活上，那您赚钱又是为了什么呢？

与您分享我的知识和经验，是令人愉悦的经历，在此我祝愿您所有的金融梦想都能美梦成真。在告别之前，我想与您分享我祖父的一封信，他叫查尔斯·辛希尔，曾是芝加哥股票经纪公司的一名成功的股东，这封信包含以下写给他儿子（即我的父亲）的财务建议：

1. 起步之前，先还清所有的债务。
2. 当实现了"无债一身轻"状态时，万万不可受引诱将钱投入高风险的金融投资中。
3. 对于绝大多数人来说，挣到温饱已属不易，而还有95%的人没有能力守住温饱，更别说赚到大笔的财富——说这些不是为了打击你，而是为了提醒你，让你有勇气更加努力地奋斗，成为那凤毛麟角的5%成功人士。
4. 对于你的父母，请永远做好赡养的准备；此外，对于你的妻子和家人，请为他们购买人寿保险。
5. 有机会帮助那些处在痛苦之中或是贫困潦倒之中的人，那是你的福气。
6. 成功最重要的条件是正直、努力和超过55%的情况下都能正确决策的智慧，这也意味着你应该分散风险，确保万一犯错不至于摧毁你的生活。
7. 永远不要通过共同签署和担保的方式去帮助别人。
8. 永远不要为取悦亲友而购买弱小公司发行的股票——买进容易卖出难。
9. 除非情况特殊，不要轻易借钱给别人，话说回来，也不能让值得信任的亲友失望。
10. 只有艰难的、被事实证明的经历，才能够真正打动你，让你遵守上述规则。